Fischer TaschenBibliothek

W0074363

Stecken Sie Deutschland in die Tasche – unnützes Wissen in kuriosen Listen und Geschichten.

Der Neuseeländer **Stephen Barnett** hat alles Ungewöhnliche, Unglaubliche, Wissens- und Unwissenswerte über Deutschland gesammelt, hübsch sortiert und ordentlich aufgelistet. Seit er vor gut sieben Jahren nach Deutschland kam, fallen ihm Dinge auf, die wir selbst gar nicht mehr wahrnehmen. Bei seinen Recherchen über Deutschland ist er auf ungewöhnliche Weltrekordhalter gestoßen (z. B. im Jodeln oder Zwiebelkuchenbacken). Er hat herausgefunden, was die Deutschen im Ausland am meisten vermissen, und empfiehlt dem Export-Weltmeister dringend, seine sagenumwobene »Gemütlichkeit« zum neuen Export-Schlager zu machen.

Weitere Informationen, auch zu E-Book-Ausgaben, finden Sie bei www.fischerverlage.de

Stephen Barnett

Deutschland
für die Hosentasche
Das Land in Listen und Geschichten

Aus dem Englischen von Birgit Schöbitz

FISCHER TaschenBibliothek

MIX
Papier aus verantwor-
tungsvollen Quellen
FSC® C013736

Erschienen bei FISCHER Taschenbuch
Frankfurt am Main, Mai 2013

© S. Fischer Verlag GmbH, Frankfurt am Main 2013
Umschlaggestaltung und -abbildung: bilekjaeger, Stuttgart
Satz: Dörlemann Satz, Lemförde
Druck und Bindung: Kösel, Altusried-Krugzell
Printed in Germany
ISBN 978-3-596-51280-5

Inhalt

Einleitung

Top-Ten-Listen und Rankings können viel mehr über uns und unsere Gesellschaft aussagen, als die blanken Daten auf den ersten Blick vermuten lassen: Öfter als man denkt entlarven sie auch das Eigenartige, das Ungewöhnliche und das schlichtweg Bescheuerte. »Deutschland für die Hosentasche« vermischt solche Listen mit ein paar Statistiken, Anekdoten und Meinungen, um einen unterhaltsamen und informativen Blick auf das Leben in Deutschland zu werfen, seine Einwohner, seine Orte, seine Geschichte. Dazu kommt noch ein Schuss Sport, etwas Wirtschaft, eine Prise Musik, Literatur und Film sowie allerhand andere Dinge, die ich bemerkenswert finde.

Stephen Barnett

Typisch Deutschland

Supergesundes Sauerkraut

Sauerkraut ist nicht nur der perfekte Begleiter zu zahlreichen typisch deutschen Gerichten, sondern zählt dank der darin enthaltenen Milchsäure auch zu den gesündesten Lebensmitteln überhaupt. Zunächst einmal bietet Sauerkraut wie alle anderen zu den Kreuzblütlern (zu dieser Familie zählen auch Blumenkohl, Rosenkohl sowie Weiß- und Rotkohl) gehörenden Gemüsesorten jede Menge Ballaststoffe, Antioxidantien sowie Vitamin A und C. An Skorbut – die Folge eines Vitamin C-Mangels – starben im 16. Jahrhundert unzählige Seeleute, vor allem auf längeren Seereisen. Doch als sich Captain James Cook Ende des 17. Jahrhunderts daran machte, um die ganze Welt zu segeln, verlor er nicht einen seiner Seeleute wegen Skorbut, was nicht zuletzt auf ihre Ernährung zurückzuführen war, schließlich lagerten an Bord sechzig Fässer Sauerkraut.

Weißkohl wird erst dann zu einer wahren Fitnessbombe, wenn es zu Sauerkraut verarbeitet wird. Während der Säuerung entsteht Milchsäure – was dem

Sauerkraut seinen typisch säuerlichen Geschmack verleiht –, die nachweislich einen hohen probiotischen Wert besitzt. Die Milchsäure entsteht, wenn die natürlichen, auf den Kohlblättern sitzenden Milchsäurebakterien den im Kraut enthaltenen Zucker fermentieren. Die probiotischen Bakterien schützen nicht nur vor entzündlichen Darmerkrankungen, sondern sogar vor bestimmten Krebsarten.

Im menschlichen Darm wimmelt es von gesunden Bakterien, die sich von den Überbleibseln unserer Nahrung ernähren. Ohne diese nützlichen Helfer können sich schädliche Parasiten und Hefepilze im Darm ausbreiten. Der menschliche Verdauungstrakt ist darauf ausgelegt, dass wir täglich lebende Milchsäurebakterien zu uns nehmen, doch da unser heutiges Essen meist aus der Fabrik stammt, mangelt es an gesunden Bakterien. Dieser, der modernen Ernährung geschuldete Mangel spielt eine große Rolle bei Magen- und Darmerkrankungen, aber auch Problemen mit dem Immunsystem. Die im Sauerkraut enthaltene Milchsäure bietet jede Menge unterschiedlicher gesunder Bakterien, die den Verdauungsprozess unterstützen. Danke, Sauerkraut!

Ein dickes Lob für die Currywurst

Deutschlands Kultimbiss, die Currywurst, wird rund 800 Millionen Mal im Jahr verspeist. Ausgedacht hat sich das Ganze Herta Heuwer, die 1949 im besetzten Berliner Viertel Charlottenburg lebte. Sie wollte die Passanten mit einem schnell zubereiteten, schmackhaften und sättigenden Imbiss, den sie auf der Straße verkaufen konnte, verwöhnen. Aus Currypulver, Ketchup und Worcestershire-Sauce stellte sie eine Soße her, die sie dann über gegrillte Wurst aus Schweinefleisch goss. Dieser Snack setzte sich schon bald durch, vor allem bei den Bauarbeitern, die die zerbombte Stadt wiederaufbauten, und Heuwers Imbissstand wurde zum Erfolg. In den besten Zeiten verkaufte sie 10 000 Currywürste pro Woche, und etwas später eröffnete sie ein kleines Restaurant, das Tag und Nacht geöffnet hatte und in Berlin zu einer Institution wurde. Heuwer gab ihrer Spezialsoße den Namen »Chillup« (zusammengesetzt aus »Chili« und »Ketchup«) und ließ sie sich patentrechtlich schützen. In der Kantstraße 101 in Berlin erinnert heute eine Plakette an Heuwers Beitrag zur deutschen Küche.

Raten Sie doch mal, wer heutzutage die meisten Currywürste herstellt? Der größte Autobauer Deutschlands: Jahr für Jahr werden in seinen Küchen und Kantinen rund zwei Millionen Currywürste –

bei Volkswagen heißen sie allerdings »Currybockwurst« – zubereitet. Nur wenige wissen, dass diese Spezialität bei VW schon vor dem Zweiten Weltkrieg zubereitet wurde, als die Arbeiter den allerersten VW bauten, Hitlers Volkswagen. Nach Kriegsende beschloss die britische Armee, die Wurstproduktion weiterzutreiben, und mittlerweile zählt die Currywurst zu den größten in Wolfsburg hergestellten Verkaufsschlagern des Volkswagenkonzerns.

8 fantastische Biere

Trotz der aktuellen Entwicklung, dass die Deutschen inzwischen mehr Wein und weniger Bier trinken und der Genuss von alkoholischen Getränken insgesamt zurückgeht, ist Bier noch immer unangefochten das Lieblingsgetränk der Deutschen schlechthin und macht drei Viertel des Alkoholkonsums aus. Über 1200 Brauereien erzeugen Tausende von unterschiedlichen Biersorten, darunter auch diese acht, die neben Pils zu den beliebtesten zählen:

▶ Hefeweißbier
Viele Brauereien stellen Weizenbiere her, aber so gut wie die Bayern kann das keiner. Der einzigartige Geschmack und das sagenhafte Aroma dieses Biers mit der typischen Schaumkrone werden mit Hilfe eines

besonderen Hefepilzes erzeugt, der für die Fermentierung der Mischung aus Gerste, Malz und Weizen sorgt.

▶ Helles

Das ist die bayerische Antwort auf Pilsner. Trotz seiner hellen Farbe besitzt es einen sehr malzigen Geschmack und enthält weniger Hopfen als andere Biere.

▶ Kölsch

Die besten Kölsch werden – keine Frage – in Köln gebraut. Kölsch wird mit Bierhefe gebraut, reift jedoch wie ein Lager. Dieses helle Bier ist sehr erfrischend und schmeckt nur leicht nach Hopfen.

▶ Berliner Weiße

Der typische Geschmack einer Berliner Weiße stammt von bewusst gesäuertem Biertreber. Das herb-würzige Bier ist sehr erfrischend.

▶ Oktoberfestbier

Das süße, dunkle Oktoberfestbier, auch als Märzen bekannt, wird traditionell im März gebraut und im Herbst getrunken. Oktoberfestbier ist nur von August bis Oktober oder November erhältlich.

▶ Bock und Doppelbock

Bockbiere sind meist dunkle, sehr malzige Stark-
biere, deren Alkoholgehalt bei 6,5 % Vol. liegt. Der
Stammwürzegehalt liegt ebenfalls über dem norma-
ler Schankbiere. Doppelbockbiere sind in der Regel
sogar noch dunkler und reicher im Geschmack als
Bockbiere, süffig und mit leichter Süße.

▶ Rauchbier

Rauchbier besitzt einen ziemlich ungewöhnlichen
Geschmack. Das Bier an sich ähnelt dem Oktoberfestbier – süß und malzig –, aber der Rauch-
geschmack bietet ein völlig unerwartetes Geschmacks-
erlebnis.

Im weltweiten Bierverbrauch liegt Deutschland auf
dem zweiten Platz, Spitzenreiter ist Tschechien. Es
dürfte wohl niemanden überraschen, dass fast die
Hälfte aller deutschen Brauereien in Bayern behei-
matet sind, die Brauerdichte ist in und um Bamberg
im schönen Frankenland am größten.

Die umsatzstärksten Brauereien (im Jahr 2008)

1. Oettinger
2. Krombacher
3. Bitburger
4. Warsteiner
5. Beck's
6. Hasseröder
7. Veltins
8. Paulaner
9. Radeberger
10. Sternburg

Die zehn beliebtesten Namen der letzten zehn Jahre

In den folgenden Top-Ten-Listen finden Sie die Vornamen, die die Deutschen ihrem Nachwuchs (Jungen / Mädchen) in den jeweiligen Jahren am häufigsten gegeben haben. Wir beginnen im Jahr 2002 bei Alexander und Marie und arbeiten uns dann vor bis ins Jahr 2011 zu Maximilian und Sophie.

▶ 2002

1. Alexander / Marie
2. Maximilian / Sophie
3. Paul / Maria
4. Leon / Anna, Anne
5. Lukas / Laura
6. Jonas / Lea
7. Tim / Katharina
8. David / Sarah
9. Niklas / Julia
10. Luca / Lena

► 2003

1. Maximilian / Marie
2. Alexander / Sophie
3. Leon / Maria
4. Paul / Anna, Anne
5. Lukas, Lucas / Lea, Leah
6. Felix / Laura
7. Luca / Lena
8. David / Leonie
9. Tim / Julia
10. Jonas / Sara, Sarah

► 2004

1. Maximilian / Marie
2. Alexander / Sophie
3. Paul / Maria
4. Leon / Anna, Anne
5. Lukas, Lucas / Leonie
6. Luca / Lea, Leah
7. Felix / Laura
8. Jonas / Lena
9. Tim / Katharina
10. David / Johanna

► 2005

1. Alexander / Marie
2. Maximilian / Sophie, Sofie
3. Leon / Maria
4. Lukas, Lucas / Anna, Anne
5. Luca / Leonie
6. Paul / Lena
7. Jonas / Emily
8. Felix / Lea, Leah
9. Tim / Julia
10. David / Laura

► 2006

1. Leon / Marie
2. Maximilian / Sophie, Sofie
3. Alexander / Maria
4. Lukas, Lucas / Anna, Anne
5. Paul / Leonie
6. Luca / Lena
7. Tim / Emily
8. Felix / Johanna
9. David / Laura
10. Elias / Lea, Leah

► 2007

1. Leon / Marie
2. Maximilian / Sophie, Sofie
3. Alexander / Maria
4. Paul / Anna, Anne
5. Luca / Leonie
6. Lukas, Lucas / Lena
7. Felix / Johanna
8. Elias / Charlotte
9. David / Hannah, Hanna
10. Jonas / Sophia, Sofia

► 2008

1. Maximilian / Sophie, Sofie
2. Alexander / Marie
3. Leon / Maria
4. Paul / Anna, Anne
5. Luca / Johanna
6. Felix / Leonie
7. Elias / Lena
8. Lukas, Lucas / Hannah, Hanna
9. David / Mia
10. Tim / Charlotte

► 2009

1. Maximilian / Marie
2. Alexander / Sophie, Sofie
3. Leon / Maria
4. Paul / Anna
5. Luca, Luka / Emma
6. Elias / Mia
7. Felix / Sophia, Sofia
8. Lukas, Lucas / Leonie
9. Jonas / Lena
10. David / Johanna

► 2010

1. Maximilian / Sophie, Sofie
2. Alexander / Marie
3. Paul / Maria
4. Leon / Sophia, Sofia
5. Lukas, Lucas / Mia
6. Luca, Luka / Anna
7. Elias / Lena
8. Louis, Luis / Emma
9. Jonas / Hannah, Hanna
10. Felix / Johanna

► 2011

1. Maximilian / Sophie / Sofie
2. Alexander / Marie
3. Paul / Maria
4. Leon / Mia
5. Ben / Sophia, Sofia
6. Lukas, Lucas / Emma
7. Luca, Luka / Anna
8. Louis, Luis / Hannah, Hanna
9. Elias / Johanna
10. Jonas / Leonie

Die häufigsten Nachnamen

Hätten Sie's gewusst? Die folgenden einhundert deutschen Nachnamen stammen aus Telefonbüchern. Abweichungen in der jeweiligen Schreibweise wurden als unterschiedliche Nachnamen gehandelt – zum Beispiel: Schmidt, Schmitt und Schmid. Ist Ihr Name auch dabei?

1. Müller	20. Werner
2. Schmidt	21. Schwarz
3. Schneider	22. Hofmann
4. Fischer	23. Zimmermann
5. Weber	24. Schmitt
6. Schäfer	25. Hartmann
7. Meyer	26. Schmid
8. Wagner	27. Weiß
9. Becker	28. Schmitz
10. Bauer	29. Krüger
11. Hoffmann	30. Lange
12. Schulz	31. Meier
13. Koch	32. Walter
14. Richter	33. Köhler
15. Klein	34. Maier
16. Wolf	35. Beck
17. Schröder	36. König
18. Neumann	37. Krause
19. Braun	38. Schulze

39. Huber
40. Mayer
41. Frank
42. Lehmann
43. Kaiser
44. Fuchs
45. Herrmann
46. Lang
47. Thomas
48. Peters
49. Stein
50. Jung
51. Möller
52. Berger
53. Martin
54. Friedrich
55. Scholz
56. Keller
57. Groß
58. Hahn
59. Roth
60. Günther
61. Vogel
62. Schubert
63. Winkler
64. Schuster
65. Jäger
66. Lorenz
67. Ludwig
68. Baumann
69. Heinrich
70. Otto
71. Simon
72. Graf
73. Kraus
74. Krämer
75. Böhm
76. Schulte
77. Albrecht
78. Franke
79. Winter
80. Schumacher
81. Vogt
82. Haas
83. Sommer
84. Schreiber
85. Engel
86. Ziegler
87. Dietrich
88. Brandt
89. Seidel
90. Kuhn
91. Busch
92. Horn
93. Arnold
94. Kühn

Der Triumphzug des Trabant

Vermutlich symbolisiert der in der damaligen DDR gefertigte Trabant mehr als alles andere – von der Mauer mal abgesehen – die Unterschiede zwischen dem sozialistischen Ostdeutschland und dem kapitalistischen Westdeutschland. Der Trabant mit seinem qualmenden, schwachen Zweitaktmotor, seiner gerade mal durchschnittlichen Leistung und der unzuverlässigen Produktion gilt als Sinnbild der nicht wirklich funktionierenden zentralisierten Planwirtschaft. Trotzdem – und trotz der Tatsache, dass die Witze über ihn in der Regel nicht der Wahrheit entbehren – war der Trabant in so mancher Hinsicht ein geradezu heroisches Fahrzeug, das trotz ungenügender Ressourcen und zahlreicher Probleme in der Herstellung und eines Bürokratismus, der wohl in keinem anderen Land dieser Erde so geduldig hingenommen worden wäre, einen einzigartigen Triumphzug hingelegt hat.

Ursprünglich hatte man ein dreirädriges Motorrad bauen wollen, doch letztendlich war das Endprodukt der sozialistischen Planung, der Trabant, diesem weit überlegen, schließlich bot das kompakte Fahrzeug Platz für vier Erwachsene samt Gepäck, und auch die Technik des ersten Modells aus dem Jahr 1957, der P50, wusste zu beeindrucken: Einzelradaufhängung, Frontantrieb und eine nichtrostende Karosserie aus baumwollverstärktem Phenolharz, soll heißen, sie hielt so manchem Rempler stand. Doch das eigentliche Problem war der Motor: Die meisten anderen Autos aus dieser Zeit besaßen einen weitaus umweltfreundlicheren und leistungsstärkeren Viertaktmotor.

Der Vorgänger des Trabant war der AWZ P70 von 1955, der Prototyp aller Trabbis. 1964 kam der Trabant P601 auf den Markt. In fast dreißig Jahren Produktion wurde so gut wie nichts verändert – was ihn zum Klassiker machte.

Das »P« in der Modellbezeichnung steht übrigens für »Plastik« und bezieht sich auf die Karosserieteile aus »Duroplast«. Dieses Phenolharz besitzt ähnliche Eigenschaften wie Bakelit. Hinter diesem haltbaren Material steckt die clevere Idee, gebrauchte Materialien wie Baumwollreste aus der damaligen Sowjetunion und Phenolharze aus der Färbeindustrie der ehemaligen DDR wiederzuverwenden. Ein weiterer Vorteil ist das geringe Gewicht, was der Leistung und dem Benzinverbrauch des Trabanten zugutekam. Duroplast war relativ einfach herzustellen und ließ sich ähnlich wie konventionelle Stahlplatten in beliebige Formen pressen, hatte aber den Vorteil, dass es nicht rostete.

Duroplast ist so haltbar, dass es zu großen Problemen kam, als versucht wurde, die für den Bau des Fahrzeugs verwendeten Materialien zu recyceln. Schlimmer noch: Bei der Verbrennung von Duroplast entstehen giftige Gase. (Letztendlich wurde folgende Lösung dieses Problems entwickelt: Man schredderte die Duroplastplatten und verwendete die feinen Körner zur Herstellung von Zementblöcken für den Bau von Bürgersteigen.)

Interessant zu wissen, dass der US-amerikanische Autobauer Ford Motor Co. in den vierziger Jahren ein Fahrzeugkonzept entwickelte, bei dem die Karosserieteile zum Teil aus Sojabohnenfasern in Harz bestanden. Der Fahrzeugrahmen bestand aus Stahlrohr, an das die Kunststoffplatten montiert wurden. Außerdem wurden die Glasscheiben durch Kunststoffscheiben ersetzt, was das Gewicht um mehr als 33 Prozent verringerte – einer der Gründe, weshalb sich Ford überhaupt damit befasste.

Nach fast dreißig Jahren und mehr als drei Millionen verkauften Trabbis wurde die Produktion nach dem Fall der Mauer eingestellt. Doch noch immer fahren einige dieser Fahrzeuge auf Deutschlands Straßen, denn so mancher begeisterte Trabbi-Fan versucht, diesem Klassiker unter den Automobilen durch umfangreiche Restaurierungsarbeiten wieder zu seinem früheren Glanz zu verhelfen, während andere ihm mit Hilfe eines getunten oder neuen Motors aus einem anderen Fahrzeug wie dem Wartburg 1000 unter die Räder greifen. Da der Trabant ein verhältnismäßig leichtes Fahrzeug ist, genügen ein paar PS mehr, und der Trabbi geht ab wie Schmitz' Katze.

Einige Trabbi-Fans scheuen weder Kosten noch Mühe und ersetzen den Zweitaktmotor durch einen Viertakter, tunen den Antrieb und modifizieren auch den Rest, so dass am Ende fast nur noch die alte Karosserie übrig ist, während alles andere ausgetauscht wurde. Doch der fassungslose Blick eines Autofahrers, der bei 150 Sachen von einem Trabbi überholt wird, ist ihnen die Sache allemal wert.

Das Nationalspiel

Seit mehr als zwei Jahrhunderten ist Skat das Nationalspiel Deutschlands und Teil des Nationalgefüges. Angeblich stammt das Kartenspiel ursprünglich aus Italien – der Begriff »Skat« stammt von dem italienischen Wort »scartare«, was auf Deutsch »ablegen« bedeutet – und ist eine Variante des Tarock und des Schafkopf.

Zwischen 1810 und 1817 standardisierten die Mitglieder der Brommeschen Tarockgesellschaft aus Altenburg die Spielregeln, da es vorher viel zu viele unterschiedliche Regeln gab. Die ersten offiziellen Skatregeln erschienen 1888 in Buchform. Aus Altenburg verbreitete sich das Kartenspiel in ganz Deutschland und in allen Schichten. Auch zweihundert Jahre später hat es noch nichts von seiner Beliebtheit eingebüßt und wird in Vereinen, Verbänden und Ligen organisiert wie eine Sportart.

Deutschlands Religion(en)

Wenngleich sich nicht wenige Deutsche zum christlichen Glauben bekennen, sinkt ihre Zahl kontinuierlich – doch das verhält sich bei den Nichtgläubigen nicht anders.

- Christentum: ca. 60 Prozent der Bevölkerung (sowohl die katholische als auch die evangelische Kirche zählen etwa 24 Millionen Mitglieder.)
- Islam: ca. 5 Prozent (etwa vier Millionen Gläubige)
- Buddhismus: ca. 0,2 Prozent (etwa 200 000 Gläubige)
- Judentum: ca. 0,2 Prozent (etwa 200 000 Gläubige)
- Hinduismus: ca. 0,1 Prozent (etwa 90 000 Gläubige)
- Sikhismus: ca. 0,1 Prozent (etwa 75 000 Gläubige)
- 34 Prozent der Deutschen gehören offiziell keiner Religion an.

Infolge der Wiedervereinigung ist die Anzahl der nichtgläubigen Deutschen gestiegen, da der Glaube in der ehemaligen DDR so gut wie keine Rolle spielte. Die meisten nichtgläubigen Deutschen leben in Hamburg, Berlin, Brandenburg, Sachsen, Sachsen-Anhalt, Thüringen und Mecklenburg-Vorpommern.

Die dunkle Seite der Schrebergärten

Kaum zu übersehen, wenn man durch Deutschland reist, sind die rund eineinhalb Millionen Schrebergärten – Oasen der Ruhe, meist mitten im Grünen (manchmal aber auch auf kleinsten unbebauten Flecken in der Nähe von Bahngleisen) gelegen, wo man frische Luft schnappen und den Sonnenschein genießen kann. Doch mit dem Namen Schrebergarten ist eine wenig bekannte, dunkle Seite verbunden. Kleingärten haben ihren Ursprung im Deutschland des 19. Jahrhunderts, da die Industrialisierung Millionen von Menschen auf der Suche nach Arbeit vom Land in die Stadt gezogen hatte. Es hatte nicht lange gedauert, bis die Städte aus allen Nähten platzten und sich in weiten Kreisen der Bevölkerung Armut ausbreitete. Infolgedessen machten sich große Unternehmen, aber auch Kirchen und Stadtverwaltungen daran, Platz zu schaffen für Naherholungsgebiete und Spielplätze für die Kinder.

Die ersten Kleingartenverbände wurden 1814 in Kappel gegründet, aber auch in Schleswig-Holstein, wo es in den sogenannten Armengärten bedürftigen Familien mit geringem Einkommen erlaubt war, ihr eigenes Obst und Gemüse anzubauen. Die Idee, Interessenten kleine Flächen zur landwirtschaftlichen Nutzung zuzuteilen, erzielte bereits in den 1860er Jahren eine große Nachfrage, wenig später kam es in Leipzig zur sogenannten »Schreberbewegung«. Dort war eine öffentliche Einrichtung dafür zuständig, Grundstücke innerhalb der Stadtgrenzen zu verpachten, damit die Kinder an der frischen Luft in Harmonie mit der Natur spielen konnten, was ihrer Gesundheit förderlich war. Auf diesen Flächen wurden auch Spielplätze errichtet.

Der Name Schrebergarten geht auf den Arzt Dr. Daniel Gottlob Moritz Schreber (1808–1861) zurück, der auch als Dozent an der Universität Leipzig tätig war und zahlreiche Bücher über die seelische und körperliche Gesundheit und die Kindererziehung schrieb. Er war ein Befürworter von Freiräumen und Spielplätzen, die einen Gegenpol schaffen sollten zu den negativen Folgen der Verstädterung – wie beengtes Wohnen in Mietswohnungen –, die er in Leipzig miterlebt hatte.

Schrebers Vorstellungen wurden 1864 von dem Schuldirektor Dr. Ernst Innozenz Hauschild umgesetzt, der den Kleingartenverein in Leipzig gründete.

Bereits bei der allerersten Vereinssitzung schlug Hauschild in Würdigung von Schrebers Ideen den Namen »Schreberverein« vor. Bereits im darauffolgenden Jahr wurde die erste Spielwiese auf einem städtischen Grundstück erbaut und dem Verein verpachtet.

Später legte der pensionierte Schullehrer Karl Gesell Gartenbeete am Rande dieser Spielwiesen an, damit die Kinder lernten, Obst und Gemüse anzubauen, aber auch Blumen zu pflanzen. Jede Familie war für ihr eigenes Beet zuständig, später dann wurde das ganze Grundstück in Parzellen aufgeteilt und Familien zugewiesen. Eine typische Kleingartenanlage bestand zur damaligen Zeit aus einer Spielfläche für die Kinder, die von Kleingärten, die von Familien genutzt wurden, umrahmt war. Diese Kleingärten wurden später Schrebergärten genannt.

Leider waren nicht alle Ideen von Schreber so wohlwollend und gütig. In zahlreichen Artikeln und Büchern über Kindererziehung und Erziehungsmethoden plädierte er für einen tyrannischen Umgang mit Kindern. Er duldete keinerlei Unfug, sondern verlangte ihnen strikten Gehorsam und Unterordnung ab. Manche seiner Schriften waren beim Volk sehr beliebt – eine davon erreichte sogar vierzig Auflagen –, doch die meisten Eltern, die sie kauften, konnten sich wohl nicht mit seinen Erziehungsmethoden anfreunden, die mehr oder weniger eine systematische Form von Folter waren. (Schreber veröffentlichte jedoch nicht nur seine Ansichten über Kindererziehung, sondern er erfand auch so manches Gerät, das die Eltern bei der Anwendung seiner Methoden unterstützen sollte – wie den »Geradehalter«, der das Kind beim Schreiben daran hinderte, sich nach vorne zu beugen.) Später wurden Schrebers Erziehungsmethoden unter dem Namen »Schwarze Pädagogik« bekannt. Die deutsche Erzieherin und Autorin Katharina Rutschky hatte diesen Begriff geprägt und beschrieb damit die physische und mentale Gewalt, die in Schrebers Arbeiten immer wieder Gegenstand waren. Diese Gewalt wandte Schreber sogar bei seinen eigenen Kindern an – mit verheerenden Folgen. Seine drei Kinder litten im Erwachsenenalter an psychischen Erkrankungen, eines beging Selbstmord.

Die bekannte Psychologin Alice Miller war eine der Ersten, die die These entwickelte, dass der Schrecken des Naziregimes ohne die Schwarze Pädagogik, wie sie von Eltern Ende des 19. und Anfang des 20. Jahrhunderts praktiziert wurde, nicht möglich gewesen wäre. Miller war davon überzeugt, dass Kindern – »nur zu ihrem Besten« – zugefügtes Leid im Grunde nichts anderes als das Wiederaufleben der eigenen Traumata war, die solche Eltern selbst in ihrer Kindheit erdulden mussten. Erwachsene lebten ihre traurigen Geschichten aus der Kindheit auf der Bühne der Welt aus. Und welche Geschichten diejenigen Kinder Anfang des 20. Jahrhunderts erneut aufführten, die unter der Schwarzen Pädagogik gelitten hatten, dürfte wohl klar sein.

»Wenn der deutsche Antisemitismus die Ursache des Holocaust sein soll, dann ist nicht einzusehen, weshalb es nicht bereits im Ersten Weltkrieg zu einem Völkermord kam, als der Antisemitismus bereits ebenso stark gewesen sei. Und warum nicht ein Holocaust in den anderen antisemitischen Ländern wie Polen, Rußland und weiteren europäischen Staaten? Das Argument, daß die Weimarer Republik mit Arbeitslosigkeit und Armut Frustrationen geschaffen habe, die sich in der Ermordung der Juden entladen hätten, ist nicht überzeugend angesichts der Tatsache, daß es Hitler schnell gelungen ist, die Arbeitslosigkeit in den Griff zu bekommen.

Es gab folglich noch andere Faktoren, die bisher unberücksichtigt geblieben sind und die ein Licht auf die Frage werfen, warum der Holocaust in Deutschland und *warum er gerade zu diesem und keinem anderen Zeitpunkt* stattfand. Meines Erachtens liegt der Grund eindeutig im destruktiven Erziehungsstil der kleinen Kinder, der um die Jahrhundertwende in Deutschland herrschte und den ich als Mißhandlung von Säuglingen bezeichne.«

Was Deutsche im Ausland vermissen

»Osten oder Westen, daheim ist es am besten.« Ganz gleich, in welches Land Deutsche auswandern, sie sind sich fast alle darüber einig, welche Dinge sie am meisten vermissen:

- deutsche Bäckereien / deutsches Brot
- deutsche Metzgereien / Frikadellen, Schmalzbrot, Bratwurst, Currywurst, eigentlich alle Würste
- frische knusprige Fischbrötchen
- die Spargelzeit
- ein Bier an einem warmen Sommertag
- Biergärten
- Weinfeste
- Wochenmärkte
- Weihnachtszeit und Weihnachtsmarkt
- die Berge
- die sonntägliche Ruhe und Entspannung
- Kaffeeklatsch
- Fahrradwege
- Blumen in den Fenstern
- pünktliche öffentliche Verkehrsmittel
- sechs Wochen Jahresurlaub

9 ungewöhnliche, von Deutschen gehaltene Weltrekorde

▶ Die längste Sandburg

Dieser Weltrekord wurde 2010 in der Schaabe auf Rügen erzielt. Laut Wettbewerbsreglement durfte die Sandburg lediglich aus Sand und Wasser gebaut werden und musste über die gesamte Länge mindestens neunzig Zentimeter hoch sein. Der vorherige Weltrekord von einer Sandburg mit einer Länge von 26 375,9 Meter war von über 10 000 Freiwilligen am Myrtle Beach, South Carolina, USA im Jahr 1991 errichtet worden. Die Sandburg auf Rügen stellte mit einer Länge von 27,3 Kilometer einen neuen Weltrekord auf.

▶ Der schnellste Jodler

Thomas Scholl aus München erzeugte 1992 beim Jodeln 22 Töne in nur einer Sekunde.

▶ Das größte Dach der Welt

Das durchsichtige Zeltdach aus Acrylglas des Olympiastadions in München hält seit über vierzig Jahren diesen Weltrekord.

► Die schwerste Tandemhantel

Matthias Steiner und Almir Velagic stemmten auf dem »Ball des Sports« 2011 in Wiesbaden gemeinsam eine 333,3 Kilogramm schwere Tandemhantel.

► Einparkrekord

Der Stuntman Ronnie Wechselberger hat diesen Weltrekord 2011 in Berlin aufgestellt, als er einen Volkswagen Polo mit einer 180-Grad-Drehung in eine Parklücke schleuderte, die lediglich 26 Zentimeter länger als das Auto war.

► Das längste Unterwasser-Kartenspiel

Im Jahr 2011 saßen immer abwechselnd insgesamt 16 Taucher mit ebenfalls wechselnden Sauerstoffflaschen in Geiselhöring am Boden eines Schwimmbeckens und spielten Schafkopf. Ihr Einsatz wurde durch einen Eintrag im Guinness-Buch der Rekorde belohnt.

► Der längste Zwiebelkuchen

Der Bäcker Hans-Dieter Slobodkin und sein Team buken in Dürrmenz im Jahr 2008 den mit 27 Metern längsten Zwiebelkuchen der Welt.

▶ In zwei Minuten am häufigsten von einem Auto angefahren

Dietmar Löffler aus Erkelenz hat sich 2007 in der Guinness-Show in nur zwei Minuten acht Mal von einem Auto anfahren lassen.

▶ Der schnellste Hürdenlauf über 100 Meter – mit Schwimmflossen

Christopher Irmscher aus Dormagen lief diese Bestzeit von nur 14,82 Sekunden.

4 Dinge über Fanta

• Der für die Nazis tätige deutsche Chemiker Schetelig erfand 1940 das Erfrischungsgetränk im Auftrag des deutschen Coca-Cola-Abfüllbetriebs in Essen. Während des Kriegs war es dem Unternehmen nicht möglich, den Coca-Cola-Sirup von seiner US-amerikanischen Muttergesellschaft zu beziehen. Damit der Betrieb am Laufen gehalten werden konnte, musste deshalb ein neues Produkt her. Der damalige Betriebsleiter Max Keith setzte auf ein erfrischendes Getränk mit Fruchtgeschmack, das aus erhältlichen Zutaten zusammengebraut werden konnte. Aus diesem Grund besteht Fanta aus Apfelfasern, die beim Pressen des Obstes für Saft übrig bleiben, und aus Molke, einem Nebenerzeugnis bei der Käseherstellung. Die Original-Fanta aus Deutschland besaß eine gelbe Farbe und schmeckte völlig anders als Fanta Orange.

- Der Name »Fanta« geht auf einen Wettbewerb zurück, der unter der Belegschaft veranstaltet worden war. Die Mitarbeiter waren aufgerufen, ihrer Phantasie freien Lauf zu lassen. Als er davon hörte, schlug der Verkäufer Joe Knipp vor, das neue Getränk »Fanta« zu nennen.
- Nach dem Zweiten Weltkrieg führte Coca-Cola Fanta auch in den Vereinigten Staaten ein, 1960 erwarb der Hersteller schließlich auch den Markennamen.
- Fanta Orange ist die beliebteste Geschmacksrichtung von Fanta und in 180 Ländern erhältlich. Die Brasilianer trinken am meisten Fanta weltweit, gefolgt von den Indern.

Die Lieblingsautofarbe der Deutschen

Den Deutschen gefallen hauptsächlich schwarze Autos. Bei den Neuzulassungen von 2011 triumphierte die Farbe Schwarz, dicht gefolgt von Grau.

	Farbe	Anteil der Neuzulassungen	Veränderung zum Vorjahr
1	Schwarz	31,0%	+ 10,9%
2	Grau	30,9%	+ 3,2%
3	Weiß	13,0%	+ 22,3%
4	Blau	9,0%	− 6,9%
5	Braun	6,0%	+ 81,9%
6	Rot	5,8%	− 6,3%
7	Gelb	1,4%	− 6,5%
8	Grün	1,1%	− 14,1%
9	Violett	0,6%	+ 55,2%
10	Orange	0,4%	+/− 0 %
	Sonstige	0,8%	19,1%

Übrigens wird nur ein Viertel aller Neuwagen in den sieben Farben, die nach den drei Lieblingsfarben in der Liste oben stehen, zugelassen.

Die am häufigsten gekauften Autos

Im Jahr 2011 sicherten sich drei Volkswagenmodelle die ersten drei Plätze unter den am meisten gekauften Neuwagen. Der VW Golf erzielte zum zwanzigsten Mal hintereinander Platz eins.

	Fabrikat und Marke	Verkaufszahl
1	VW GOLF, Jetta	258059
2	VW PASSAT	103507
3	VW POLO	90720
4	OPEL ASTRA	86579
5	MERCEDES C-Klasse	79820
6	OPEL CORSA	70152
7	BMW 3er-Serie	62280
8	FORD FOCUS	61157
9	BMW 5er-Serie	59756
10	AUDI A4, S4	59056
11	VW TOURAN	55416
12	FORD FIESTA	53940
13	AUDI A3, S3, RS3	53801
14	BMW 1er-Serie	52881
15	MERCEDES E-Klasse	49961
16	SKODA Fabia	47579
17	SKODA Octavia	46571

	Fabrikat und Marke	Verkaufszahl
18	AUDI A6, S6, RS6, A7	46076
19	VW Tiguan	45662
20	MERCEDES A-Klasse	43542
21	OPEL Meriva	41097
22	BMW Mini	40345
23	VW Caddy	37397
24	VW Transporter, Caravelle	33555
25	BMW X1	33480
26	HYUNDAI I 30	32697
27	NISSAN Quashqai	32651
28	MERCEDES B-Klasse	30053
29	SMART For Two	29465
30	AUDI A1, S1	28932

Die 10 am häufigsten in Deutschland gestohlenen Wagen

Den jüngsten Daten des Gesamtverbands der Deutschen Versicherungswirtschaft zufolge wird in Deutschland der VW Multivan T4 am häufigsten gestohlen.

1. VW Caravelle Multivan 2.5 TDI
2. Porsche Cayenne Turbo
3. BMW X53.0 d
4. Skoda Fabia 1.9 TDIRS

5. VW Golf 4 1.9 TDI	8. Porsche Cayenne
6. BMW X5 3.0 SD	9. Golf 4 Syncro
7. Audi A6 2.5 TDI	10. VW Corrado

In Berlin ist die Wahrscheinlichkeit am größten, dass das Auto geklaut wird. Am sichersten ist es dagegen in Baden-Württemberg, Bayern, Rheinland-Pfalz und dem Saarland.

Womit die Deutschen ihre Zeit verbringen

Frauen im Alter von 20 bis 74
(Stunden und Minuten täglich)

Freizeit, nicht näher definiert:	5:24
Essen, Körperpflege:	2:43
Schlafen:	8:19
Reisen:	1:18
Hausarbeit:	4:11
Bezahlte Arbeit / Studium:	2:05

Männer im Alter von 20 bis 74

Freizeit, nicht näher definiert:	5:53
Essen, Körperpflege:	2:33
Schlafen:	8:12
Reisen	1:27
Hausarbeit	2:21
Bezahlte Arbeit / Studium:	3:35

Arbeitnehmerinnen

Freizeit, nicht näher definiert:	4:49
Essen, Körperpflege:	2:31
Schlafen:	8:11
Reisen:	1:27
Hausarbeit:	3:11
Bezahlte Arbeit / Studium:	3:52

Arbeitnehmer

Freizeit, nicht näher definiert:	5:11
Essen, Körperpflege:	2:21
Schlafen:	8:00
Reisen:	1:31
Hausarbeit:	1:52
Bezahlte Arbeit / Studium:	5:05

Freizeitaktivitäten von Frauen im Alter von 20 bis 74

Fernsehen:	1:41
Sich mit Freunden treffen:	1:09
Lesen:	0:38
Sport und Training:	0:28
Ausruhen:	0:20
Hobbys und Spiele:	0:25
Ehrenamtliche Tätigkeit:	0:15
Unterhaltung und Kultur:	0:14
Sonstiges:	0:09
Freizeit insgesamt:	5:19

**Freizeitaktivitäten von Männern im Alter
von 20 bis 74**

Fernsehen:	1:59
Sich mit Freunden treffen:	1:03
Lesen:	0:37
Sport und Training:	0:29
Ausruhen:	0:17
Hobbys und Spiele:	0:41
Ehrenamtliche Tätigkeit:	0:17
Unterhaltung und Kultur:	0:14
Sonstiges:	0:09
Freizeit insgesamt:	5:46

Pro Jahr geleistete Arbeitsstunden

Frauen:	1245
Männer:	1721

Scherze der besonderen Art

In den letzten Jahren hat wohl nichts die deutsche Nation so sehr amüsiert wie die Geschichte über die »Steinlaus«. Der bekannte Humorist Loriot hat in einer Fernsehparodie 1976 über dieses vermeintlich sehr schüchterne und der Wissenschaft bis dato unbekannte Tierchen berichtet. Loriot alias Veterinär und Fernsehmoderator Bernhard Grzimek erklärte in der Sendung, dass sich die Steinlaus von Steinen ernährt und ein ausgewachsenes Exemplar bis zu 28 Kilogramm Beton und Steine pro Tag verdrückt. Die Zuschauer waren begeistert, was nicht zuletzt dazu führte, dass die Steinlaus bis heute namentlich in dem renommierten medizinischen Lexikon »Pschyrembel« erwähnt wird und im Dortmunder Zoo sogar ein eigenes Gehege erhielt.

Erwähnenswert sind aber noch zwei weitere »Veräppelungen«, eine ist schon lange her, die andere noch immer nicht abgeschlossen.

▶ Johann Beringer – die Würzburger Lügensteine

Bei einem Scherz aus dem 18. Jahrhundert drehte sich alles um Professor Johann Bartholomeus Adam Beringer von der medizinischen Fakultät Würzburg. Die Übeltäter machten zu ihrer Verteidigung geltend, dass es sich um einen Rachefeldzug gegen Beringer gehandelt hätte, der aufgrund seiner Arroganz seinen Kollegen gegenüber einen zweifelhaften Ruf innehatte, und sie ihn an seiner eigenen Arroganz hätten packen wollen.

Ausgedacht hatten sich den Scherz zwei Kollegen des Professors: Jean Ignace Roderique, Professor für Geographie und Mathematik, sowie Johann Georg von Eckhart, Privatdozent und Universitätsbibliothekar. Da die beiden von Beringers Interesse an Fossilien wussten, wollten sie ihn mit gefälschten Versteinerungen zum Narren halten. Gesagt, getan. Sie machten sich also daran, Kalkstein zu bearbeiten, und ließen daraus auf wundersame Weise Eidechsen, Spinnen und Frösche entstehen und ritzten hebräische, lateinische und griechische Wörter in Kalk. Dann verbuddelten sie ihre »Fossilien« in den Hängen rund um den Eibelstädter Berg, wo sich Beringer häufig auf die Fossiliensuche machte.

Beringer veröffentlichte seine Funde in dem Buch *Lithographiae Wirceburgensis*. Eckhart und Roderique kamen überein, dass sie ihren Kollegen nun lange genug auf den Arm genommen hatten, und setzten Beringer von dem Betrug in Kenntnis, allerdings ohne ihre eigene Verwicklung darin zuzugeben. Beringer reagierte anders als erwartet und beschuldigte seine Kollegen des Versuchs, seine Funde und damit auch seine Rolle als Wissenschaftler und Finder der Fossilien in Misskredit bringen zu wollen. Erst als Beringer angeblich eine Versteinerung gefunden hatte, in die sein Name geritzt worden war, ging ihm ein Licht auf.

Beringer zerrte Roderique und Eckhart in dem Versuch, »seine Ehre retten zu wollen«, vor Gericht. Was dabei herauskam, war ein Skandal sondergleichen. Beringers Ruf war ruiniert, aber auch der von Roderique und Eckhart. Roderique musste Würzburg verlassen, und Eckhart verlor seinen Posten an der Universität, was seinen historischen Forschungen ein jähes Ende setzte.

Beringer war zwar weiterhin an der Universität Würzburg tätig, aber die ganze Geschichte hatte ihn doch sehr mitgenommen. Er gab Unsummen dafür aus, so viele Exemplare von *Lithographiae Wirceburgensis* aufzukaufen wie möglich. Einige der »Lügensteine«, wie sie letztlich bezeichnet wurden, befinden sich im Universitätsmuseum von Oxford und in Würzburg.

▶ Jakob Maria Mierscheid –
das Phantom im Bundestag

Aktueller und noch immer am Laufen ist der Scherz über Jakob Maria Mierscheid, einem fiktiven SPD-Bundestagsabgeordneten. Seiner Biographie zufolge, die dem Webserver des Bundestags[1] zu entnehmen ist, wurde Mierscheid 1933 in Morbach / Hunsrück geboren, einer sehr ländlichen Gegend in Rheinland-Pfalz. Das erste Mal wurde er bei dem Sozialdemokratischen Parteitag in Hannover 1960 erwähnt, 1979 wurde er dann Mitglied des Deutschen Bundestags.

Mierscheid ist angeblich auch Mitglied der Gewerkschaft für Landwirtschaft und Forsten, des Clubs der Sportsfreunde (Schatzmeister von 1977 bis 1982) und Ehrenmitglied des Gesangsvereins der Ge-

---

[1] www.bundestag.de / bundestag / abgeordnete17 / mierscheid / mitteilungen / index.html

werkschaft Holz und Kunststoff. Außerdem ist er Mitglied des Kleintierzüchtervereins Morbach und der Freiwilligen Feuerwehr Morbach.

Von 1967 bis 1968 schrieb er eine vierteilige Folge im Zentralorgan der Brieftaubenzüchter: »Die Reiseroute der geringelten Haubentaube und ihre Flugeigenschaften« (Nachdruck mit Genehmigung in der Eidgenössischen »Flugtauben-Correspondenz«, 1969), doch weitaus bekannter dürfte das »Mierscheid-Gesetz« sein, über das er erstmals im Juli 1983 in der Parteizeitung *Vorwärts* der Sozialdemokratischen Partei schrieb. Das Mierscheid-Gesetz besagt, dass der Stimmenanteil der SPD sich nach dem Index der deutschen Rohstahlproduktion (der alten Bundesländer) – gemessen in Millionen Tonnen – im jeweiligen Jahr der Bundestagswahl richtet. Daneben gibt es eine Sonderregel für vorgezogene Bundestagswahlen. Hier müssen die Rohstahlwerte des ursprünglichen und tatsächlichen Wahljahres gemittelt werden.

Das Erstaunliche ist, dass dieses Gesetz bei der Bundestagswahl von 2002 bestätigt wurde, als die SPD 38,5 Prozent der Wählerstimmen erhielt und die Rohstahlproduktion bei 38,6 Millionen Tonnen lag. Drei Jahre später, bei der vorgezogenen Wahl von 2005, lag der Stimmanteil der SPD bei 38,4 Prozent, der gemittelte Rohstahlwert bei 40,0 Millionen Tonnen. Bei den letzten zehn Bundestagswahlen gab es neunmal eine Übereinstimmung bis auf zwei Kommastellen und siebenmal eine Übereinstimmung bis auf eine Kommastelle.

Mierscheid hat noch nie an einer Debatte oder Sitzung des Deutschen Bundestags teilgenommen. Doch das wundert nicht weiter, denn schließlich handelt es sich bei dem »Schneider im Ruhestand« um eine fiktive Person, die von den beiden ehemaligen SPD-Bundestagsabgeordneten Karl Haehser und Peter Würtz erschaffen wurde.

7 gute Gründe, sich Sorgen zu machen

Die Deutschen machen sich wohl am meisten Sorgen, nicht nur im europäischen Vergleich, sondern sogar weltweit. Anscheinend ist es den Deutschen in die Wiege gelegt worden. Kein Wunder, dass der Begriff »Angst« mittlerweile auch im englischen Sprachraum geläufig ist, denn die Briten haben dafür kein eigenes Wort.

Die meisten Deutschen zählen sich selbst nicht zu Angsthasen und würden wohl eher von sich behaupten, einen gesunden rationalen Pessimismus zu vertreten. Und die Tatsache, dass die Deutschen in ganz Europa die meisten Versicherungen abgeschlossen haben, lässt sich ganz einfach damit erklären, dass sie das Risiko scheuen.

Und worüber machen sich die Deutschen so viele Sorgen? Die R+V-Versicherung führt seit mehr als zwanzig Jahren Umfragen zu diesem Thema durch. Seit 1991 werden jährlich etwa 2400 Menschen zu ihren persönlichen Ängsten, aber auch zu ihren Sorgen in Bezug auf die Gesellschaft, Wirtschaft und Politik befragt.

2011		2010	
steigende Lebens-haltungskosten	63%	steigende Lebens-haltungskosten	68%
Naturkatastrophen	60%	Verschlechterung der Wirtschaftslage	67%
Pflegefall im Alter	55%	Naturkatastrophen	64%
Überforderung der Politiker	53%	Überforderung der Politiker	62%
Terrorismus	50%	Pflegefall im Alter	61%
schwere Erkrankung	50%	höhere Arbeits-losigkeit	61%
Verschlechterung der Wirtschaftslage	48%	schwere Erkrankung	57%

2009		2008	
Verschlechterung der Wirtschaftslage	66%	steigende Lebens-haltungskosten	76%
höhere Arbeitslosigkeit	65%	Verschlechterung der Wirtschaftslage	58%
steigende Lebens-haltungskosten	63%	Naturkatastrophen	58%
Naturkatastrophen	56%	Pflegefall im Alter	53%
Pflegefall im Alter	54%	schwere Erkrankung	51%
Überforderung der Politiker	53%	Überforderung der Politiker	49%
schwere Erkrankung	49%	eigene Arbeitslosigkeit	48%

2007		2006	
steigende Lebens-haltungskosten	66%	steigende Lebenshal-tungskosten	70%
Naturkatastrophen	59%	Überforderung der Politiker	63%
Pflegefall im Alter	53%	höhere Arbeitslosigkeit	61%
schwere Erkrankung	51%	Verschlechterung der Wirtschaftslage	60%
Überforderung der Politiker	51%	Pflegefall im Alter	52%
Terrorismus	50%	Naturkatastrophen	52%
Verschlechterung der Wirtschaftslage	48%	schwere Erkrankung	51%

2005		2004	
steigende Lebens-haltungskosten	72%	steigende Lebens-haltungskosten	66%
Verschlechterung der Wirtschaftslage	70%	Verschlechterung der Wirtschaftslage	65%
höhere Arbeitslosigkeit	68%	höhere Arbeitslosigkeit	64%
eigene Arbeitslosigkeit	65%	Überforderung der Politiker	59%
schwere Erkrankung	64%	Terrorismus	57%
Überforderung der Politiker	64%	Naturkatastrophen	56%
Pflegefall im Alter	62%	Pflegefall im Alter	55%

2003		2002	
Verschlechterung der Wirtschaftslage	68%	steigende Lebens-haltungskosten	62%
steigende Lebens-haltungskosten	67%	Verschlechterung der Wirtschaftslage	57%
höhere Arbeitslosigkeit	66%	Pflegefall im Alter	54%
Überforderung der Politiker	66%	Überforderung der Politiker	54%
Terrorismus	58%	höhere Arbeitslosigkeit	53%
Pflegefall im Alter	57%	schwere Erkrankung	51%
Naturkatastrophen	55%	eigene Arbeitslosigkeit	44%

Unterwasserrugby

Unterwasserrugby (UWR) ist eine Sportart, die – wer hätte das gedacht? – ihren Ursprung in Köln hat. Ludwig von Bersuda, Mitglied des Deutschen Unterwasser Clubs hatte 1961 die Idee eines Ballspiels unter Wasser, das zunächst unter dem Namen »Kölner Diszplin« bekannt wurde und das den Tauchern zur nötigen Erfahrung und Kondition verhelfen sollte. Im Laufe der Zeit wurde daraus ein Mannschaftsspiel. Der DUC Duisburg griff die Idee auf und organisierte 1964 das erste als Unterwasserrugby bezeichnete Spiel zwischen dem DUC Duisburg und einem Mülheimer Tauchclub, der Duisburg 2:5 unterlag.

Immer mehr deutsche Sportvereine nahmen Unterwasserrugby in ihr Angebot auf, wodurch letztlich internationales Interesse an dem Sport erregt wurde. Heute werden nicht mehr nur auf Vereinsebene Wettkämpfe im Unterwasserrugby ausgetragen, sondern auch auf regionaler und nationaler Ebene, nicht zu vergessen die Weltmeisterschaft.

Das Spiel wird in einem Wasserbecken von drei bis fünf Meter Tiefe ausgetragen, Tore werden am Grund des Beckens erzielt. Es treten zwei Teams mit je sechs Spielern und sechs Ersatzspielern gegeneinander an. Ziel des Spiels ist es, den mit Salzwasser gefüllten Ball (durch die im Vergleich zum Süßwasser höhere Dichte sinkt er zu Boden) an sich zu nehmen und ihn ins gegnerische Tor zu befördern. Die Spieler tragen Schwimmflossen, eine Tauchmaske und einen Schnorchel.

Der Ball darf in jede beliebige Richtung gespielt werden, jedoch nicht über die Wasseroberfläche gelangen. Ein vom Spieler wie beim Kugelstoßen weggedrückter Ball legt eine Distanz von zwei Metern und mehr zurück, bevor er durch den Wasserwiderstand abgebremst wird. Bei dieser schnellen und anstrengenden Sportart werden die Spieler häufig ausgewechselt. Wahrlich nichts für jedermann.

Das schlechteste Fußballteam aller Zeiten

Der SC Tasmania 1900 Berlin wurde am 2. Juni 1900 als Rixdorfer TuFC Tasmania gegründet. Als vom DFB gewünschter Berlin-Ersatz für die ausgeschlossene Hertha kamen die Neuköllner 1965 eher unverhofft zu ihrer ersten und letzten Saison in der höchsten deutschen Spielklasse. 1973 ging der Sportverband Neukölln in Konkurs, und der SC Tasmania Berlin 1900 wurde aufgelöst. Als erfolglosester Bundesligaverein hält der Tasmania Berlin bis heute mehrere zweifelhafte Rekorde:

1. 50. von 50 Vereinen in der Ewigen Bundesliga-Tabelle
2. Die wenigsten Siege in einer Saison: 2 (zusammen mit dem Wuppertaler SV 1974/1975)
3. Die meisten Niederlagen in einer Saison: 28
4. Der einzige Bundesligaverein ohne Auswärtssieg
5. Die längste Serie ohne Sieg in Folge: 31 Spiele (14. August 1965 bis 21. Mai 1966)
6. Die meisten Heimniederlagen: 12
7. Die meisten Heimniederlagen in Folge: 8 Spiele (28. August 1965 bis 8. Dezember 1965), zusammen mit Hansa Rostock 2004/2005
8. Die meisten Heimspiele in Serie ohne Sieg: 15 Spiele (24. August 1965 bis 21. Mai 1966)
9. Die meisten Niederlagen in Folge: 10 Spiele, zusammen mit Arminia Bielefeld 1999/2000, dessen Fans während des zehnten Spiels Sprechchöre mit »Tasmania Bielefeld!« anstimmten
10. Die meisten Gegentore und die wenigsten Tore in einer Saison: 108:15
11. Die wenigsten Tore in einer ganzen Spielzeit von einem Angriffsspieler: 4 von Wulf-Ingo Usbeck
12. Die höchste Heimniederlage: 0:9 gegen den Meidericher SV (26. März 1966)
13. Das Bundesligaspiel mit den wenigsten Zuschauern: 827 (15. Januar 1966 gegen Borussia Mönchengladbach) nach 81 500 Zuschauern bei ihrem ersten Heimspiel und 70 000 bei ihrem zweiten.

Trautes Heim für mich allein

Laut Mikrozensus von 2011 leben fast sechzehn Millionen Deutsche – etwa zwanzig Prozent der Gesamtbevölkerung – allein. Vor zwanzig Jahren waren es erst 11,4 Millionen Single-Haushalte und somit vierzehn Prozent aller Deutschen. Die Umfrage zeigte auch, dass in Rheinland-Pfalz die wenigsten Menschen alleine leben (sechzehn Prozent) und in Berlin die meisten (31 Prozent).

Weniger Drogen

Dem von der Drogenbeauftragten 2011 veröffentlichten Drogen- und Suchtbericht zufolge geht der regelmäßige Konsum von Alkohol, Nikotin und Cannabis von Jugendlichen in Deutschland kontinuierlich zurück:

▶ Alkoholkonsum bei den 12- bis 17-Jährigen von mindestens einmal pro Woche:
2010: 13 Prozent
2004: 21 Prozent

▶ Rauchen bei den 12- bis 17-Jährigen
2010: 13 Prozent
2001: 23 Prozent

▶ Immer mehr junge Menschen unter 18 sind erklärte Nichtraucher

2010: 68 Prozent sagten aus, dass sie noch nie in ihrem Leben geraucht hätten

2001: 41 Prozent

▶ Cannabiskonsum bei den 12- bis 17-Jährigen

2010: 5 Prozent haben in den vergangenen zwölf Monaten Cannabis geraucht

2004: 10 Prozent

Die 20 beliebtesten Webseiten

Auf der Grundlage der durchschnittlichen täglichen Besucherzahlen und der Seitenaufrufe sind das hier die zwanzig beliebtesten Webseiten:

1. google.de
2. google.com
3. facebook.com
4. youtube.com
5. ebay.de
6. wikipedia.org
7. amazon.de
8. yahoo.com
9. spiegel.de
10. web.de
11. twitter.com
12. bild.de
13. gmx.net
14. xing.com
15. blogger.com
16. studiverzeichnis.com
17. t-online.de
18. leo.org
19. live.com
20. wer-kennt-wen.de

Die zehn wertvollsten Einzelhandelsmarken

Im Bericht über die stärksten Einzelhandelsmarken von 2012 steht Aldi an erster Stelle:

1. Aldi (außerdem kennen 99 Prozent aller Bundesbürger die Marke Aldi, was den höchsten Erkennungswert einer Marke darstellt)
2. Edeka
3. Lidl
4. Media Markt
5. Kaufland
6. Rewe
7. dm
8. Schlecker
9. OBI
10. Netto

Eine Goldmedaille im Doping

Der Fall der Berliner Mauer ließ Licht in die dunkelsten Ecken der DDR fallen und enthüllte somit so manches geschmacklose Geheimnis wie das unvorstellbare, staatlich verordnete, systematische Doping seiner Elitesportler in den siebziger und achtziger Jahren mit Steroiden. Geschützt vor den Augen der Öffentlichkeit wurden den Spitzensportlern, die in speziellen Sportakademien Vollzeit unter der Anleitung ihrer Trainer trainierten, regelmäßig Anabolika verabreicht. Auf diese Weise versuchte die DDR, der Welt zu beweisen, dass ihr System der kapitalistischen Welt haushoch überlegen war – zumindest im Sport. Zu dieser Zeit – der Kalte Krieg hatte seinen

Höhepunkt erreicht – war jeder Triumph des kommunistischen Blocks auf der internationalen Bühne auch ein ideologischer Sieg.

Das Training der ostdeutschen Spitzensportler schien sehr effizient zu sein, sofern man nicht wusste, was sich dahinter verbarg. Bei den Olympischen Spielen 1968 in Mexico City – bevor auf das systematische Doping gesetzt wurde – gewannen die ostdeutschen Sportler neun Goldmedaillen, ein vergleichsweise mittelmäßiges Ergebnis. Doch schon bei den nächsten Spielen heimsten sie zwanzig Goldmedaillen ein. Weitere vier Jahre später, 1976 in Montreal, waren es dann schon beeindruckende vierzig der heißbegehrten Medaillen. Allein die ostdeutschen Schwimmerinnen gewannen 11 von 13 Wettkämpfen – eine schier unglaubliche Leistung. Das US-amerikanische Schwimmerteam beschrieb die ostdeutsche Mannschaft als »Maschinen – sie waren unglaublich stark«.

Das staatliche Programm zum Doping der Athleten begann 1974 im Anschluss an ein Treffen der Parteiführer mit dem Komitee für Körperkultur und Sport, auf dem beschlossen wurde, wie sich sportlicher Ruhm auf der internationalen Bühne am besten erzielen lasse. Letztlich einigten sich die Beteiligten auf Oral-Turinabol, ein anaboles Steroid, das aus Testosteron gewonnen wird. Der ostdeutsche Sportbund sollte für das Dopingprogramm verantwortlich sein, das Ministerium für Staatssicherheit würde es überwachen.

Turinabol und andere anabole Steroide regen das Muskelwachstum an und verkürzen die Erholungsphasen, was es Sportlern ermöglicht, härter zu trainieren und an Kraft zuzulegen. Da Steroide so ähnlich aufgebaut sind wie Testosteron, wirken sie stärker bei Frauen, da es sich ja um ein männliches Sexualhormon handelt.

Aus dem ganzen Land wurden junge Mädchen im Alter von zwölf Jahren rekrutiert. Teil ihres Trainings war die regelmäßige Verabreichung ungetesteter Steroide und männlicher Hormone – meist ohne das Wissen der Sportler. Die Nebenwirkungen, gerade für die Athletinnen, waren katastrophal: männliches Haar- und Bartwachstum, tiefe Stimme, Unfruchtbarkeit, Herzerkrankungen, Depression. Viele Hunderte, möglicherweise sogar Tausende der ostdeutschen Sportler entwickelten ernsthafte Erkrankungen.

Bis in die achtziger Jahre waren Steroide in der Sportwelt weit verbreitet, und Forscher versuchten verzweifelt, mit den immer ausgefeilteren Dopingtechniken mitzuhalten. Es gab kaum noch eine Sportart, in der nicht gedopt wurde, so gut wie jeder Sportler war betroffen.

Einer der ersten Nachweise für das staatlich verordnete Dopingprogramm Ostdeutschlands kam

1977 ans Licht der Öffentlichkeit, als die Kugelstoßerin Ilona Slupianek positiv auf Steroide getestet wurde. Slupianek wurde von der International Amateur Athletics Federation für zwölf Monate gesperrt, doch selbst in dieser Zeit wurde das Training fortgesetzt, ebenso wie die Verabreichung der Steroide. Ihre Sperre endete gerade mal zwei Tage vor Beginn der Europäischen Meisterschaft 1978 in Prag … wo Slupianek die Goldmedaille im Kugelstoßen gewann.

Nach der Slupianek-Affäre wurden die ostdeutschen Athleten heimlich getestet, bevor sie zu internationalen Wettkämpfen außer Landes reisen durften. Sämtliche Sportler mit positiven Testergebnissen wurden von der Teilnehmerliste gestrichen, was zum einen den Sportler und zum anderen das ostdeutsche Team vor internationalen Sanktionen bewahrte.

Als 1977 eine der besten ostdeutschen Sprinterinnen, Renate Neufeld, in den Westen floh, schilderte sie, wie ihr die Trainer illegale Substanzen gespritzt hatten. Sie erzählte der Öffentlichkeit, dass sie im Alter von siebzehn Jahren mit dem Training an der Ostberliner Sportakademie begonnen und sich auf den 80-Meter-Hürdenlauf konzentriert hätte. Die Sportler standen unter ständiger Beobachtung. Sie mussten sich jedes Mal, wenn sie die Akademie verließen, aus einer Liste austragen und bei ihrer Rückkehr wieder eintragen. Neufeld wurde angewiesen, Pillen zu schlucken – angeblich Vitamine. Kurze Zeit später stellte Neufeld fest, dass ihre Stimme tiefer wurde und ihr ein Damenbart auf der Oberlippe wuchs. Ihre Monatsblutung setzte aus. Als sie sich eines Morgens weigerte, die Pillen zu nehmen, wurde sie kurze Zeit später von der Stasi abgeholt und verhört. Das war für Neufeld der Grund, aus Ostdeutschland zu fliehen.

Ende der neunziger Jahre wurden Manfred Ewald, der ehemalige Arzt des ostdeutschen Sportlerteams, und Dr. Manfred Hoppner, ein ehemaliger medizinischer Berater, angeklagt und zu Bewährungsstrafen verurteilt.

Geographie und Geschichte

Deutschland im Herzen der EU

Da sich in den letzten fünfzig Jahren immer mehr Länder der Europäischen Union angeschlossen haben, änderte sich das geographische Zentrum der EU mit jedem Beitritt. Das Französische Institut Géographique National hat die folgenden Zentren herausgegeben:

- **1987 bis 1995 (12 Mitgliedsstaaten)**: Zu dieser Zeit lag das Zentrum der Europäischen Gemeinschaft mitten in Frankreich, in dem Dorf Saint-André-le-Coq in der Auvergne. Nach der Wiedervereinigung Deutschlands 1990 verschob sich das Zentrum 25 Kilometer nordöstlich nach Noireterre bei Saint-Clément.
- **1995 bis 2004 (15 Mitgliedsstaaten)**: Viroinval, Belgien
- **2004 bis 2007 (25 Mitgliedsstaaten)**: Kleinmaischeid, Rheinland-Pfalz
- **2007 bis heute (27 Mitgliedsstaaten)**: Als Rumänien und Bulgarien 2007 der Europäischen Union beitraten, verschob sich das geographische Zen-

trum dieses Mal um 160 Kilometer nach Osten, nach Gelnhausen, einer Kleinstadt nordöstlich von Frankfurt.

Deutschlands geographischer Mittelpunkt

Nach der Wiedervereinigung 1990 ermittelte die Technische Universität Dresden, dass Niederdorla in Thüringen im Zentroid der extremen Koordinaten Deutschlands liegt und somit den geographischen Mittelpunkt bildet.

Niederdorla stellt zugleich auch den Gravitationsschwerpunkt des Landes dar, der 4,5 Kilometer südwestlich des geographischen Mittelpunkts liegt.

Die Bestimmung des exakten geographischen Mittelpunkts eines Landes ist jedoch kein Kinderspiel, so dass es nicht weiter wundert, dass noch andere Ortschaften in Deutschland von sich behaupten, sie stellten diesen Mittelpunkt dar. Zu diesen Ortschaften zählen: Flinsberg, ein Vorort des Heilbades Heiligenstadt in Thüringen, Krebeck in Niedersachsen, Edermünde in Hessen, Landstreit bei Eisenach und Cölbe in Hessen.

Für die Bestimmung des geographischen Mittelpunkts gibt es mehrere Methoden …

▶ Schwerpunktbestimmung

Stellen Sie sich vor, Sie würden den Umriss von Deutschland auf ein Stück Pappe übertragen und ausschneiden. Am Rand befinden sich Tausende kleiner Gewichte. Nun legen Sie die Pappe auf einen Nagel, und wenn die Pappe perfekt darauf zum Liegen kommt, haben Sie den Mittelpunkt Deutschlands gefunden.

▶ Der von den Landesgrenzen am weitesten entfernte Ort

Bei dieser Methode wird ein transparentes Material, auf das zahllose konzentrische Kreise gezeichnet wurden, über die Landkarte von Deutschland gelegt. Nun wird nachgesehen, welcher Kreis die Landesgrenze an drei Stellen berührt. Der Mittelpunkt dieses Kreises entspricht dem geographischen Mittelpunkt.

▶ Median

Bei dieser Methode kommt der Mittelpunkt zwischen den beiden extremen Längen- und Breitengraden eines Landes ins Spiel. Man zieht ein Rechteck um Deutschland, das lediglich die äußersten nördlichen, östlichen, südlichen und westlichen Punkte des Landes berührt, und trägt dann die Diagonalen ein. Dort, wo die Diagonalen aufeinandertreffen, ist der geographische Mittelpunkt.

Deutschlands Bevölkerungszentren

Das Bevölkerungszentrum eines Landes ist eine Möglichkeit anzugeben, wie sich die Bevölkerung im Land verteilt. Dieses Zentrum kennzeichnet den durchschnittlichen Längen- und Breitengrad, an dem sich die Bevölkerung verteilt. Die damit einhergehende Ungenauigkeit, insbesondere was die Bevölkerung kleiner Landstriche anbelangt, sowie die Nutzung geographischer Zentroide führen dazu, dass diese Berechnung lediglich grobe Werte ergibt.

1990 war Ludwigsau in Hessen die Gegend mit der höchsten Bevölkerungsdichte Deutschlands. Seitdem hat sich das jedoch geändert: 2008 lag das Bevölkerungszentrum Deutschlands vierzig Kilometer südwestlich davon in der Region von Niederaula. Diese Entwicklung ist nicht zuletzt auf die Wiedervereinigung zurückzuführen: Viele Bürger der ehemaligen DDR zogen in die alten Bundesländer, und auch die niedrigen Geburtenraten tun seither ihr Übriges. Selbst der Zuzug von Migranten konnte nicht ausgleichen, dass die Zahl der Deutschen kontinuierlich sinkt.

5 Aspekte der demographischen Entwicklung Deutschlands

- Mit 82 Millionen Einwohnern ist Deutschland das bevölkerungsreichste Land der Europäischen Union.
- Deutschland belegt Rang 16, was die Bevölkerungsdichte weltweit anbelangt.
- Je Quadratkilometer leben 230 Einwohner in Deutschland.
- Deutschland verzeichnet die drittgrößten Zuwandererströme weltweit.
- Altersstruktur: 0–14 Jahre: 14 Prozent; 15–64 Jahre: 66 Prozent; 65 Jahre und älter: 20 Prozent.

7 außergewöhnliche Museen

In Deutschland gibt es jede Menge Museen – quer übers ganze Land verteilt sind es an die 4000 –, darunter die üblichen Verdächtigen, aber auch einige einmalige Einrichtungen. Zu letzteren zählen beispielsweise:

▶ Zeppelin Museum, Friedrichshafen
Wunderschön am Ufer des Bodensees gelegen beherbergt dieses Museum den Nachbau des Luftschiffes

LZ 129 Hindenburg in Originalgröße und die weltgrößte Sammlung zur Luftschifffahrt.

▶ Deutsches Hygiene-Museum, Dresden

Dieses Museum bietet eine faszinierende Sammlung alter Gegenstände zur Körperreinigung und ophthalmologische Objekte – von Rasierern, Haarbürsten, antiken Brillen über Frisierkommoden zu Perückenständern und alten Gerätschaften zur Augenuntersuchung. Das Museum wurde 1912 eröffnet, um der Bevölkerung die neuesten Hygienetechniken und Informationen über die menschliche Anatomie und Gesundheit zu vermitteln, und entwickelte sich mehr und mehr zu einem »Volksmuseum«. Heute zeigt das Museum seine Exponate als Reise in den menschlichen Körper und in die eigene Gedanken- und Gefühlswelt.

▶ Deutsches Kochbuchmuseum, Dortmund

Das Deutsche Kochbuchmuseum zeigt eine beeindruckende Sammlung alter Rezepte, die hauptsächlich von der bekannten Kochbuchautorin Henriette Davidis stammen, die im 19. Jahrhundert gelebt hatte. Außerdem zeigen weitere Ausstellungen die Entwicklung der Kochtechniken und die Rolle der Frau im 19. Jahrhundert.

► Museum der Deutschen Binnenschifffahrt, Duisburg

Die Duisburg-Ruhrorter Schifferbörse ist der größte Binnenhafen Europas und schon deshalb allein prädestiniert für das in einem ehemaligen Jugendstil-Hallenbad untergebrachte Museum der Deutschen Binnenschifffahrt. Zum Museum gehört auch der letzte Radschleppdampfer *Oscar Huber* aus dem Jahr 1921 und der Eimerkettendampfbagger *Minden* von 1882.

► Kartoffelmuseum, München

Dieses Privatmuseum wurde von der Eckart-Otto-Stiftung ins Leben gerufen und widmet sich nichts anderem als der Kartoffel. Die Besucher erfahren nicht nur, welche unterschiedlichen Sorten in Deutschland angebaut werden, sondern auch, welche köstlichen ländertypischen Spezialitäten daraus zubereitet werden können. Weitere Kartoffelmuseen befinden sich in Fußgönheim (Rheinland-Pfalz) und Tribsees (Mecklenburg-Vorpommern).

► Humormuseum, Wiesbaden

Echt witzig! Das einzige Museum weltweit, das sich dem Humor und dem Lachen widmet. Unter den Hunderten von Objekten im Harlekinäum gibt es auch einen begehbaren Riesenkäse und tanzende Regale.

▶ Kriminalmuseum, Rothenburg ob der Tauber

Das bedeutendste Rechtskundemuseum Deutschlands gibt einen Einblick in die dunkle Seite des Mittelalters. Es werden nicht nur Gesetzesbücher, Siegel und Gerichtsunterlagen – einschließlich Aufzeichnungen von Hexenprozessen aus dem 17. Jahrhundert –, sondern auch grausame Folterinstrumente gezeigt.

Eine gemeinsame Monarchie

Als der britische König George V. 1917 den Namen der britischen königlichen Familie von Sachsen-Coburg und Gotha in Windsor änderte, um damit der Verbundenheit und Loyalität mit Großbritannien Ausdruck zu verleihen, das damals Krieg gegen Deutschland führte, wurde die Bevölkerung durch diese Entscheidung daran erinnert, welche bedeutende Rolle Deutschland seit Jahrhunderten für das Leben der Briten und natürlich auch die britische Königsfamilie innehatte. Die britische Königsfamilie trug den Namen Sachsen-Coburg und Gotha, seit Königin Victoria den deutschen Prinzen Albert von Sachsen-Coburg und Gotha 1840 geheiratet hatte. Doch die Verbindung zum deutschen Adel reicht viel länger zurück.

George I., der ehemalige Herzog von Braunschweig-Lüneburg wurde 1714 der erste König Großbritanniens aus der Hannoverschen Linie. Die ersten drei königlichen Georges aus dem Hause Hannover (auch als Haus Braunschweig, Hannoversche Linie bekannt) waren ebenfalls Kurfürsten und Herzöge von Braunschweig-Lüneburg. Zwischen 1814 und 1837 war der britische Monarch auch König von Hannover. Insgesamt stammen sechs britische Könige und Königinnen aus dem deutschen Hause von Hannover:

- George I. (an der Macht von 1714 bis 1727)
- George II. (an der Macht von 1727 bis 1760)
- George III. (an der Macht von 1760 bis 1820)
- George IV. (an der Macht von 1820 bis 1830)
- William IV. (an der Macht von 1830 bis 1837)
- Victoria (an der Macht von 1837 bis 1901)

Der Name Sachsen-Coburg und Gotha hat in der britischen Monarchie längst ausgedient, doch die Linie an sich existiert auch heute noch und nicht nur das, ihre Mitglieder zählen sogar als potenzielle Anwärter auf den britischen Königsthron. Auf der offiziellen Webseite der britischen Monarchie werden vierzig Namen als mögliche künftige Monarchen gehandelt, doch eigentlich sind es weit über tausend Anwärter, darunter viele Deutsche aus dem Hause Sachsen-Coburg und Gotha.

Doch es gibt noch mehr Verbindungen zwischen Deutschland und Großbritannien. Bereits im 5. und

6. Jahrhundert siedelten sich germanische Stämme nach dem Abzug der Römer in Großbritannien an. Es gab außerdem auch viele Eindringlinge und Migranten – allen voran Leute aus Angeln, Sachsen und Jütland, aber auch andere germanische Völker von den friesischen Küsten, aus Niedersachsen und Schweden. Die Angelsachsen brachten die keltische Kultur in den Süden und die Mitte Englands und trugen ihren Teil zur Gründung des angelsächsischen Englands und der Verbreitung der altenglischen Sprache bei. Jüngsten genetischen Forschungen zufolge konnte nachgewiesen werden, dass etwa die Hälfte aller Briten deutsche Vorfahren besitzt.

Schwarz-Rot-Gold – ein kurzer Rückblick

Die Nationalflagge Deutschlands – Schwarz-Rot-Gold – blickt auf eine lange und stolze Geschichte bis ins Römische Reich zurück. Damals wurde ein schwarzer Adler auf einem goldenen Schild mit rotem Rand für das halboffizielle Wappen, den Reichsadler, verwendet. Anlässlich der Krönung von Friedrich I., dem Heiligen Römischen Kaiser, 1152 wurde zum ersten Mal die schwarz-rot-goldene Flagge gehisst.

In all den darauffolgenden Jahren hat sich an den Farben der Nationalflagge nichts mehr geändert, nur an der offiziellen Bezeichnung des Landes:

- 1848 bis 1866: Deutscher Bund,
- 1919 bis 1933: Weimarer Republik,
- 1949 bis 1990: Deutsche Demokratische Republik
- seit 1949: Bundesrepublik Deutschland.

Die während der Befreiungskriege gegen Napoleon verwendete schwarz-rote Flagge mit goldenen Fransen, die für das deutsche Freiwilligencorps, das Lützowsche Freicorps, gefertigt worden war, gilt als Ausgangsbasis der jetzigen Nationalflagge Deutschlands. Johann Philipp Abresch hat als Erster eine schwarz-rot-goldene Fahne mit dieser Farbreihenfolge von oben nach unten gefertigt, die er 1832 beim Hambacher Fest trug und die die demokratische Bewegung für ein geeintes Deutschland symbolisierte. Die demokratischen Revolutionäre verwendeten sie bei dem Aufstand von 1848 im Kampf um nationale Einigkeit und Freiheit. Als Schwarz, Rot, Gold in Frankfurt am Main zu den Farben des Deutschen Bundes erklärt wurden, hieß es in den Reden: »Die Farben des Bundes reichen weit in die deutsche Vergangenheit zurück, denn auch die Reichsflagge war schon rot, schwarz, gold«.

Doch auf der verfassungsgebenden Versammlung des Deutschen Bundes 1849 wurde nichts zum Thema Nationalflagge beschlossen. Außerdem verlor von da an die schwarz-rot-goldene Flagge an Bedeutung – für die Revolutionäre war Rot die aussagekräftigere Farbe.

Bis 1918 nutzte das Deutsche Kaiserreich Schwarz-Weiß-Rot, was auf die schwarzweiße Flagge Preußens und die weißrote Flagge der Hansestädte zurückging. Nach der Revolution von 1918 besann sich die erste Deutsche Republik auf die schwarz-rot-goldene Fahne.

Kurze Zeit nach der Machtergreifung der Nationalsozialisten wurde die schwarz-rot-goldene Fahne durch zwei andere Flaggen ersetzt: die schwarz-weiß-rote Trikolore und die Parteifahne der Nationalsozialistischen Deutschen Arbeiterpartei, die das Hakenkreuz trug.

Nach Ende des Zweiten Weltkriegs beschloss der Bundestag der Bundesrepublik Deutschland, in Fortsetzung der Tradition der Weimarer Republik und der Nationalversammlung von 1848/49 wieder Schwarz-Rot-Gold zur Nationalflagge zu erklären. Die DDR wählte 1959 ebenfalls diese Farben zu ihrer Nationalflagge, ergänzte sie aber um Hammer, Zirkel und Ährenkranz.

Im Einigungsvertrag von 1990 wurde Schwarz-Rot-Gold zu den Nationalfarben erklärt, da diese auf ein mehr als tausendjähriges Erbe zurückgehen.

Aus dem All

Nördlingen im Bezirk Donau-Ries, Bayern, ist einzigartig. Weshalb? Dieses mittelalterliche Städtchen mit seinen rund 20 000 Einwohnern sitzt mitten in einem massiven, durch einen Meteoriteneinschlag entstandenen Krater mit einem Durchmesser von rund fünfundzwanzig Kilometern. Der Meteorit mit einem Durchmesser von etwa fünfhundert Metern schlug vor etwa fünfzehn Millionen Jahren dort ein. Nördlingen liegt etwa sechs Kilometer südwestlich vom Kraterzentrum. Vom verbliebenen Kraterrand geht es etwa einhundert Meter in die Tiefe.

Es ist noch nicht allzu lange her, da ging man davon aus, dass die Geländeform durch vulkanische Aktivitäten entstand, doch Forschungen aus dem Jahr 1960 konnten geschockte Quarze nachweisen, die eindeutig auf Meteoriteneinschlag zurückzuführen sind. Dabei wurden auch Graphitrückstände und sogar winzige Diamanten gefunden – mit einem Durchmesser von maximal 0,2 Millimetern. Steine aus dieser Gegend, die für den Hausbau verwendet wurden, enthalten Millionen dieser Miniedelsteine.

Neuschwabenland – Deutschlands südlichste »Kolonie«

Als Neuschwabenland bezeichnet man eine küstennahe Region in Ostantarktika, die sich von etwa 12° West bis 18° Ost und von 70° bis 75° Süd über eine Fläche von 600 000 Quadratkilometern erstreckt. Neuschwabenland bildet den westlichen Teil des von Norwegen beanspruchten Königin-Maud-Landes, das auch schon von Nazideutschland kurz vor Ausbruch des Zweiten Weltkriegs beansprucht worden war. Damals erkannten die Nazis Norwegens Anspruch nicht an und schickten deshalb 1938 eine Expedition dorthin, um im südlichen Teil eine eigene Basis zu errichten. Die Nazis interessierten sich für ein Areal, das sowohl für einen Marinestützpunkt als auch für eine Walfangstation geeignet wäre. Deutschland importierte damals rund 200 000 Tonnen Walfischöl von den Norwegern, die in Deutschland für die Herstellung von Seife und Margarine benötigt wurden. Da sich der Kriegsausbruch bereits abzeichnete, war Deutschland auf der Suche nach Alternativen.

Die Expedition verließ Hamburg im Dezember 1938 an Bord des Frachters *Schwabenland* und erreichte das Packeis der Antarktis am 19. Januar 1939, fünf Tage nachdem Norwegen Schritte eingeleitet hatte, das Königin-Maud-Land formell zu annektieren. Das Gebiet wurde nach dem Expeditionsschiff

Neuschwabenland genannt. Das Expeditionsteam machte sich in den folgenden Wochen daran, die Küste zu erkunden und mit Grenzsteinen zu markieren, um den Anspruch Deutschlands offiziell zu machen. Zwei Seeflugzeuge wurden für Vermessungsflüge eingesetzt, wobei Tausende von Luftaufnahmen gemacht wurden. Es heißt, dass zahlreiche Metallpfeile – deren Befiederung mit dem Hakenkreuz verziert worden war – aus beiden Flugzeugen auf das Eis abgeworfen wurden, um Nazideutschlands Anspruch geltend zu machen.

Doch kein territorialer Anspruch von Neuschwabenland wurde jemals zugelassen, und den Nazis gelang es auch nicht, ihren militärischen Stützpunkt oder eine Walfangstation zu errichten. Mit Ausbruch des Zweiten Weltkriegs endeten die Pläne weiterer Expeditionen. Auf manchen Landkarten ist dieses Gebiet nichtsdestotrotz noch immer als Neuschwabenland eingetragen, und auch viele Forschungseinrichtungen sind dort angesiedelt und tragen deutsche Namen wie zum Beispiel die Neumayer-Station.

»Deutsche« Kleinplaneten

Als Asteroiden, oder auch Kleinplaneten oder Planetoiden, werden kleine Objekte bezeichnet, die sich in Kepler'schen Umlaufbahnen um die Sonne bewegen.

Innerhalb unseres Sonnensystems wurden insbesondere seit dem Ende des 20. Jahrhunderts Hunderttausende solcher Kleinplaneten entdeckt, da seitdem automatische Systeme dafür eingesetzt werden.

Nach ihrer Entdeckung erhalten Asteroiden zunächst eine provisorische Bezeichnung (wie 989 AC), dann eine Nummer (wie 4179) und dann (optional) einen Namen. Erst nachdem den Asteroiden eine Nummer zugewiesen wurde, können sie einen Namen erhalten. Üblicherweise kann sich der Entdecker mit der Namensgebung bis zu zehn Jahre Zeit lassen; manche Kleinplaneten sind deshalb noch immer namenlos.

Bis Dezember 2011 gab es mehr als 310 000 nummerierte und etwa genauso viele namenlose Kleinplaneten. Etwa 16 000 Asteroiden wurden Namen gegeben, einige davon nach deutschen Städten und Regionen, wie die folgende Auflistung zeigt:

▶ 241 Germania

241 Germania ist ein sehr großer Asteroid, der zum Hauptgürtel zählt. Er zählt zur Spektralklasse CP, seine Oberfläche ist vermutlich dunkel und kohlenstoffreich. Er wurde am 12. September 1884 in Düsseldorf von Robert Luther entdeckt.

▶ Asteroiden nach deutschen Städten und Ortschaften

325 Heidelberga	5820 Babelsberg
386 Siegena	9336 Altenburg
526 Jena	10114 Greifswald
449 Hamburga	10746 Mühlhausen
811 Nauheima	10774 Eisenach
2424 Tautenburg	10775 Leipzig
3539 Weimar	10801 Lüneburg
5816 Potsdam	52334 Oberammergau

▶ Asteroiden nach deutschen Regionen

301 Bavaria	6120 Anhalt
418 Alemannia	6124 Mecklenburg
930 Westphalia	6209 Schwaben
5616 Vogtland	6293 Oberpfalz
5628 Preussen	6305 Helgoland
5846 Hessen	6320 Bremen
5866 Sachsen	6396 Schleswig
5904 Württemberg	6402 Holstein
6068 Brandenburg	21074 Rügen
6070 Rheinland	22322 Bodensee
6099 Saarland	

Deutschland auf »ausländisch«

Isländisch:	Þýskaland
Polnisch:	Niemcy
Estonisch:	Saksamaa
Französisch:	Allemagne
Dänisch:	Tysklan
Japanisch:	Doitsu
Hindu:	Jarmanī
Irisch:	An Ghvearmáin
Hawaiisch:	Kelemania
Māori:	Tiamana
Suaheli:	Ujerumani
Finnisch:	Saksa
Ungarisch:	Németország
Albanisch:	Gjermania

Der Name »Deutschland« – samt aller anderen oben genannten ähnlich klingenden – geht auf das lateinische »Germania« aus dem 3. Jahrhundert v. Chr. zurück. Vermutlich wurde der Begriff von den Galliern geprägt, es gibt jedenfalls keinen Beweis dafür, dass er jemals von den germanischen Stämmen verwendet wurde. Julius Caesar war der erste, der in seinem Bericht »Commentarii de Bello Gallico« von »Germani« schrieb, als er die Stämme im nordöstlichen Gallien beschrieb: Er sprach davon, dass vier Stämme aus dem Norden Belgiens – die Condruser,

Eburonen, Caeroser und Paemaner – gemeinsam als Germani bekannt waren. Anno domini 98 schrieb Tacitus die *Germania*, eine ethnographische Arbeit über die vielfältigen germanischen Stämme, die nicht zum Römischen Reich zählten, und anders als Caesar sprach er davon, dass der Name Germani als erstes für die Tungerer verwendet wurde. Wie auch immer, die Römer nahmen es mit der Ethnographie der Barbaren des Nordens nicht so genau, schließlich bedeutet »German(ic)« zu Caesars Zeiten nichts weiter als »Volk, das östlich vom Rhein stammt«.

Wo wir gerade bei den Germanen sind …

Die alten Stämme

Forscher gehen davon aus, dass die Germanen von verschiedenen Stämmen abstammen, die sich etwa 500 v. Chr. an den Küsten der Nordsee angesiedelt hatten. Bis 100 v. Chr. hatten sich die Stämme bis ins heutige Mittel- und Süddeutschland ausgebreitet und bestanden im Wesentlichen aus drei größeren Stämmen, die sich zum Teil im Osten entlang der Oder und der Weichsel ansiedelten; die nördlichen germanischen Stämme bevorzugten den Süden des heutigen Skandinaviens; und eine westliche Gruppierung zog es in den tiefen Süden des heutigen Jütlands und das Gebiet zwischen Nordsee und Elbe, Rhein und Main.

Die Gebiete westlich des Rheins gehörten damals zu den Kelten (vor allem den Galliern) und waren Teil des Römischen Reichs. Die Regionen östlich des Rheins und nördlich der Donau wurden von den Römern als »Germania« bezeichnet. Caesar hörte von seinen Verbündeten, den Remern, dass dieser Begriff vor allem für die »germani cisrhenani« verwendet wurde und diese Stämme über den Rhein dorthin gelangt waren. Die Römer wollten ihr Reich weiter gen Westen ausdehnen und sahen die germanischen Stämme als schlimmere Barbaren als die Gallier an, die sie bereits geschlagen hatten, und auch als Bedrohung ihrer Pläne.

Die vom Römischen Reich kontrollierten Gebiete wurden als Niedergermanien bekannt, während das größere Territorium östlich des Rheins Magna Germania hieß. Unter Kaiser Augustus begannen die Römer 12 v. Chr. mit der Vertreibung der Menschen aus Magna Germania. Sechs Jahre später war ganz Germania oberhalb der Elbe von den Römern vorübergehend befriedet und besetzt. Doch ihr Plan, ganz Magna Germania dem Römischen Reich einzuverleiben, ging nicht auf, da die römischen Truppen, angeführt von dem Senator und Feldherrn Varus in der Schlacht im Teutoburger Wald 9 v. Chr., vernichtend von der germanischen Allianz unter der Leitung von

Arminius, dem Anführer des Stammes der Cherusker, geschlagen wurden. Drei römische Legionen wurden plattgemacht, die restlichen römischen Streitkräfte zogen sich zurück und bestimmten fortan Rhein und Donau als westliche Grenze ihres Reiches. Diese Schlacht war der Beginn der Befreiung der Germanen von der römischen Besatzung.

Vieles, was wir über die alten Germanen wissen, geht auf die Schriften von Publius (oder Gaius) Cornelius Tacitus (ca. 56–117 n. Chr.), dem Römischen Senator und Historiker, zurück. Der folgende Auszug stammt aus seinem Werk »Germania«, das er 98 v. Chr. verfasst hat und das die germanischen Stämme zur Zeit des Römischen Reichs beschreibt. Tacitus befasst sich darin unter anderem mit der Legende ihrer Abstammung, ihrem Aussehen (großgewachsen, blaue Augen, rötliches Haar), ihren Waffen und Kampfmethoden. Er beschreibt die Rolle der germanischen Frauen während der Schlacht, kommentiert die Kleidung der Germanen sowie deren Behausungen, Sitten und Gebräuche, Götter und Glauben – und nicht zuletzt ihre Essgewohnheiten und Trinkgelage.

Die lautesten Städte Deutschlands

Im Auftrag der Geers-Stiftung hatte das Fraunhofer Institut für Bauphysik 2011 eine umfassende Studie über den Geräuschpegel in deutschen Städten durchgeführt. Die Ergebnisse dieser bei Tag und Nacht durchgeführten Messungen schlugen sich in einer Landkarte mit 27 Städten mit mehr als 250 000 Einwohnern nieder.

1. Hannover
2. Frankfurt am Main
3. Nürnberg
4. Bonn
5. Köln
6. Berlin
7. München
8. Gelsenkirchen
9. Dortmund
10. Bochum
11. Duisburg
12. Düsseldorf
13. Hamburg
14. Wiesbaden
15. Mönchengladbach
16. Bremen
17. Wuppertal
18. Bielefeld
19. Essen
20. Stuttgart
21. Dresden
22. Karlsruhe
23. Aachen
24. Mannheim
25. Leipzig
26. Augsburg
27. Münster

6 unverkennbare Anzeichen für einen Stasispitzel

Schätzungen zufolge hat die Stasi zwischen 1950 und 1989 etwa eine halbe Million Mitarbeiter beschäftigt, die sich der Verfolgung des Klassenfeindes widmeten. Dazu kamen aber noch die offiziellen Mitarbeiter, meist Angehörige der Streitkräfte, die für die Stasi arbeiteten, sowie inoffizielle Mitarbeiter und Spitzel.

Im Jahr des Mauerfalls, 1989, hatte die Stasi rund 91 000 Vollzeitbeschäftigte, darunter etwa 2000 inoffizielle Mitarbeiter, 13 000 Soldaten und 2200 Offiziere der Nationalen Volksarmee der DDR. Innerhalb der damaligen Staatsgrenzen der DDR gab es weitere 173 000 inoffizielle Mitarbeiter, in Westdeutschland rund 1500.

Arbeiteten mehrere Mitarbeiter der Stasi gemeinsam an einem Fall, verständigten sie sich durch eindeutige Signale:

1. Die Berührung der Nase mit Hand oder Taschentuch hieß: Obacht! Subjekt nähert sich.
2. Das Zurückstreichen des Haares oder das kurze Lüpfen der Kopfbedeckung bedeutete: Subjekt geht weiter oder überholt.
3. Wurde eine Hand auf den Rücken oder Bauch gelegt, sagte das aus: Subjekt steht still.
4. Vornüberbeugen und am Schnürsenkel nesteln bedeutete: Der Observant möchte die Observation

beenden, da Gefahr besteht, dass seine Tarnung auffliegt.

5. Beide Händen am Rücken oder Bauch hieß: Subjekt kehrt zurück.

6. Das Herausnehmen der Brieftasche oder der Geldbörse und Durchsuchen des Inhalts signalisierte: Der Observant möchte mit dem Einsatzleiter oder anderen Observanten sprechen.

Seismische Aktivitäten in Deutschland

Deutschland ist ein verhältnismäßig stabiles Land, zumindest was seine seismischen Aktivitäten anbelangt. Trotzdem kommt es jährlich zu zahlreichen, wenngleich schwachen Erdbeben. Einige davon in Regionen, wo noch Kohle abgebaut wird, da Sprengungen seismische Aktivitäten begünstigen.

Die größten seismisch aktiven Zonen Deutschlands liegen rund um den Oberrheingraben, der sich von Basel in der Schweiz nach Belgien, Luxemburg und die Niederlande erstreckt, aber auch im Vogtland, am nördliche Rand der Alpen, in der Ebene von Leipzig, rund um Gera und am Bodensee. Auch wenn die Erdbeben, die sich in der seismisch aktivsten Region Deutschlands, am Niederrhein, ereignen, nach internationalen Standards gemessen schwach sind, halten Seismologen Erdbeben mit einer Stärke von bis zu 6,4 auf der Richterskala für denkbar: Ein starkes Erdbeben (etwa 5,5 bis 6,0 auf der Richterskala) kommt in dieser Region durchschnittlich etwa alle zweihundert Jahre vor.

Spürbare Erdbeben in Deutschland aus den vergangenen 250 Jahren:

- Das Erdbeben vom 18. Februar 1756 mit seinem Epizentrum in der Gegend um Düren zählt zu den stärksten Erdbeben, die jemals in Mitteleuropa aufgezeichnet wurden. Für Deutschland war es das stärkste Erdbeben aller Zeiten. Es ereignete sich nur ein paar Monate nach dem großen Erdbeben in Lissabon und stellte den Höhepunkt einer Erdbebenserie in Deutschland dar, die einige Jahre gedauert hatte. In Köln, Aachen, Jülich und Bad Münstereifel stürzten zahlreiche Gebäude ein, infolgedessen kamen viele Anwohner ums Leben.
- Das Erdbeben vom 14. März 1951 mit einer Stärke von 5,8 und seinem Epizentrum in der Nähe von Euskirchen richtete erheblichen Schäden an den Gebäuden an, zum Glück gab es nur Verletzte. Diese Naturkatastrophe war Anlass für die Gründung der Erdbebenzentrale zur Überwachung seismischer Aktivitäten in Bensberg.
- Das Erdbeben vom 13. April 1992 mit einer Stärke von 5,3 ereignete sich südwestlich von Roermond in den Niederlanden und erschütterte

die Grenzregion etwa fünfzehn Sekunden lang. In Nordrhein-Westfalen gab es zahlreiche Verletzte, meist durch herabfallende Ziegel und einstürzende Schornsteine. Der Schäden an den Gebäuden war erheblich, am schlimmsten betroffen war Heinsberg.

- Das Erdbeben vom 24. Juli 2009 mit einer Stärke von 3,3 fand nordwestlich von Duisburg statt und hing eindeutig mit dem dortigen Kohleabbau zusammen. Eine Woche später kam es zu einem Nachbeben mit einer Stärke von 3,1.
- Das Erdbeben vom 14. Februar 2011 mit einer Stärke von 4,4 und seinem Epizentrum in Nassau an der Lahn ereignete sich westnordwestlich von Frankfurt am Main.

Vesuvs Brüder

Es dürfte wohl kaum jemanden geben, der beim Stichwort Vulkan an Deutschland denkt. Und doch hat Deutschland eine lange Geschichte von Vulkanausbrüchen. Die spektakulärste und jüngste vulkanisch aktive Gegend Deutschlands ist die Eifel, wo es noch Hunderte von Vulkanfeldern, Lavadomen, Kratern und Aschekegel zu bestaunen gibt. Im Laufe von Hunderttausenden von Jahren kam es immer wieder zu Vulkanausbrüchen, die meisten von ihnen relativ harmlos, doch es gab auch heftige Explosionen, als heißes Magma auf Grundwasser traf. Diese Explosionen hinterließen tiefe Krater, die sich oft mit Wasser füllten und als »Maare« bezeichnet werden. Das bekannteste dürfte das Maar am Laacher See sein, das bei einem Vulkanausbruch vor etwa 13 000 Jahren entstand. Der Laacher See erstreckt sich über mehr als drei Quadratkilometer und ist an seiner tiefsten Stelle 51 Meter tief. Der Laacher See gilt übrigens als nicht erloschenes Vulkangebiet, da unter dem Wasserspiegel seismische Aktivitäten und Temperaturunterschiede nachgewiesen werden konnten. Am südöstlichen Ufer steigen des Öfteren Blasen auf. Dabei handelt es sich um Kohlendioxid, das vom Magma am Grund des Sees gebildet wird.

Mythos oder Mysterium?

Ist es denkbar, dass Adolf Hitler eine Zeitlang in der britischen Stadt Liverpool gelebt hat? So unvorstellbar es auch klingen mag, Bridget Hitler, die Ehefrau von Hitlers Bruder Alois (Junior) behauptet genau das in ihren Memoiren, die sie in den dreißiger Jahren verfasst hat. Sie schrieb, dass sie 1912 gemeinsam mit ihrem Alois in Liverpool gelebt hat und dass ihnen eines Tages Adolf unangekündigt einen Besuch abstattete und längere Zeit bei ihnen bleiben wollte.

Erst sechs Monate später, im April 1913, kehrte er wieder nach Österreich zurück.

Bridget Dowling (so ihr Mädchenname) soll Alois Hitler etwa um 1909 in Dublin kennengelernt haben. Alois' »feine Manieren und sein Wiener Schmäh« faszinierten sie von Anfang an, es entstand eine enge Beziehung. Doch ihre Eltern waren von dieser Verbindung alles andere als begeistert, und als das Paar heiraten wollte, brannte es im Juni 1910 nach London durch. Kurze Zeit später kehrten Bridget und Alois nach Liverpool zurück.

Über diese Phase Hitlers, die er angeblich in Liverpool verbracht haben soll, ist wenig bekannt. Um 1905 lebte er in Wien auf Kosten seiner Mutter, da er nur gelegentlich arbeiten ging. Außerdem verdiente er sich ein Zubrot durch den Verkauf seiner Wasserfarbengemälde. Bekannt dagegen ist, dass sich Hitler zwei Mal – 1907 und 1908 – an der Akademie der Künste in Wien beworben hatte und zwei Mal abgelehnt wurde. 1909 war er nachweislich zu Gast in einer Unterkunft für Obdachlose, 1910 zog er dann in ein Männerwohnheim. Im Mai 1913 ist er dann von Wien nach München gezogen.

Ist es möglich, dass der berüchtigtste Diktator des 20. Jahrhunderts ein halbes Jahr in dem Land gelebt hat, das er später zu besiegen versuchte? Ja, denn angesichts seines Lebens in Wien in größter Armut mag er durchaus zu dem Schluss gekommen sein, dass er besser dran wäre, wenn er bei seinem Halbbruder und dessen Frau wohnte.

Andererseits war sich Bridget Hitler in den dreißger Jahren durchaus bewusst, dass der Halbbruder ihres Mannes immer bekannter wurde. Vielleicht hat sie sich die Geschichte, dass er bei ihnen gewohnt hatte, nur ausgedacht, weil sie das große Geld witterte. Angesehene Historiker schenken Bridgets Geschichte keinen Glauben, doch solange keine konkreten Gegenbeweise auftauchen, besteht zumindest die vage Möglichkeit, dass sie wahr sein könnte.

Berühmte im Zweiten Weltkrieg verlorengegangene, zerstörte oder gestohlene Kunstwerke

Schätzungen gehen davon aus, dass die Nazis während des Zweiten Weltkriegs etwa 750 000 Kunstwerke zerstört oder gestohlen haben, was in etwa zwanzig Prozent aller europäischen Kunstwerke entspricht. Bis heute gelten Hunderttausende der gestohlenen Kunstschätze als vermisst, wurden ihrem rechtmäßigen Eigentümer nicht zurückgegeben oder die Eigentumsfrage konnte nicht restlos geklärt werden.

Keine Frage, Hitler wusste ganz genau, was ihm gefiel. Eine seiner ersten Amtshandlungen als Reichskanzler im Jahr 1933 war seine Befreiung der deutschen Kultur von »entarteter Kunst« in all ihren Formen, vor allem aber von Werken der modernen Kunst und des Expressionismus. Zugleich plünderten die Nazis unter dem Deckmantel des Programms gegen die »Verfallskunst« – und später dann unter dem Deckmantel der Invasionen und des Kriegs – Kunstschätze, um damit Hitlers geplantes Führermuseum zu bestücken.

Die Plünderungen wurden systematisch organisiert, es gab sogar eine eigens dafür geschaffene Institution, die sich damit befasste, welche der öffentlichen und privaten Kunstsammlungen dem Nazi-Regime besonders am Herzen lagen. Manche der Kunstobjekte waren für das Führermuseum vorgesehen, andere wurden hochrangigen Nazigrößen überlassen, und wieder andere wurden verkauft, um Geld für die Naziaktivitäten zu machen.

Im Jahr 1937 war der Kampf gegen die entartete Kunst nicht mehr aus der Politik der Nazis wegzudenken. Ein Komitee von sechs Personen erhielt in diesem Jahr die offizielle Befugnis, aus Museen und Kunstsammlungen im ganzen Reich alle Kunstwerke zu beschlagnahmen, die als »moderne, entartete oder subversive Kunst« eingestuft wurden. Diese Arbeiten wurden dann der Öffentlichkeit in einer Ausstellung vorgestellt, die Stimmung gegen die »Entartung der Künste« machen sollte, insbesondere aber gegen den

»perversen jüdischen Geist«, der die deutsche Kultur befallen hatte.

Über 5000 Arbeiten wurden damals beschlagnahmt, darunter berühmte Werke von Picasso, Matisse, van Gogh und Chagall. Die Ausstellung *Entartete Kunst* zeigte über 650 Gemälde, Skulpturen, Drucke und Bücher und wurde im Juli 1937 in München eröffnet, wanderte später aber in andere Städte Deutschlands und Österreichs. In den Themenräumen wurde die »entartete Kunst« zur Schau gestellt. Im ersten Ausstellungsraum befanden sich alle Arbeiten mit christlichen Motiven, im zweiten ausschließlich Werke jüdischer Künstler und im dritten Arbeiten, die angeblich die Würde von Frauen, Soldaten und Landwirten mit Füßen traten.

Die Ausstellung sollte die Vorstellung verbreiten, dass die moderne Kunst nichts anderes war als das Produkt einer Verschwörung von Leuten, die deutschen Anstand aus tiefster Seele verabscheuten. Nach Beendigung der Wanderausstellung wurden einige Werke zum Verkauf auf einer Auktion in der Schweiz ausgewählt; andere wurden von Museen oder privaten Sammlern gekauft. Viele Nazis schnappten sich die wertvollen Gemälde für ihr Zuhause. Im März 1939 verbrannte die Berliner Feuerwehr etwa 4000 Arbeiten, die nur geringen Wert auf dem internationalen Markt besaßen. Im Juli 1942 wurden im Garten der Galerie Nationale du Jeu de Paume in Paris weitere »entartete Kunstwerke« von Picasso, Dalí, Ernst, Klee, Léger und Miró verbrannt.

Besonders bedauerlich ist der Verlust, der Diebstahl beziehungsweise die Vernichtung folgender Werke:

▶ **»Maler auf dem Weg nach Tarascon«, Vincent van Gogh**

Eines der berühmtesten Gemälde, die im Zweiten Weltkrieg verlorengingen. Wahrscheinlich wurde es bei einem Bombenangriff der alliierten Streitkräfte auf Magdeburg 1944 zerstört, als das Kaiser-Friedrich-Museum in Flammen aufging, das eine große Anzahl gestohlener Werke beherbergte. »Maler auf dem Weg nach Tarascon« zeigt das Porträt eines einsam dreinblickenden Vincent van Gogh. Der Künstler Francis Bacon beschrieb es als eindringliches Selbstbild van Goghs, das ihn als entfremdeten Außenseiter zeigt.

▶ **»Porträt des Dr. Gachet«, Vincent van Gogh**

Einen Monat bevor Vincent van Gogh Selbstmord beging, malte er zwei unterschiedliche Versionen des »Porträts des Dr. Gachet« und erzählte seinem Bruder in einem Brief darüber. »Ich habe M. Gachet einen melancholischen Ausdruck verliehen, der dem Betrachter auch wie eine Grimasse vorkommen mag … Traurig, aber freundlich und doch klar und intelligent, so sollten viele Porträts aussehen … Es gibt moderne Porträts, die man sich noch in vielen Jahren ansehen wird, und die man vielleicht Hunderte von Jahren später mit einer Sehnsucht im Blick betrachtet.«

Das »Porträt des Dr. Gachet« stammt aus dem Städel-Museum in Frankfurt und wurde 1937 konfisziert. Göring wusste, wie wertvoll dieses Gemälde war, und ließ es auf einer Auktion versteigern. Der jüdische Bankier Siegfried Kramarsky erwarb es dort, später musste er nach New York fliehen, um der Verfolgung durch die Nazis zu entgehen. 1990 verkaufte Siegfried Kramarskys Familie ihre Version des »Porträts des Dr. Gachet« für 82,5 Millionen US-Dollar – damals eine der höchsten für ein Gemälde bezahlten Summen. Käufer war der japanische Geschäftsmann Ryoei Saito. Die andere Version des Porträts des Dr. Gachet befindet sich im Besitz des Musée d'Orsay in Paris, Frankreich.

▶ »Adele Bloch-Bauer I«, Gustav Klimt
1904 beauftragte der wohlhabende österreichische Industrielle Ferdinand Bloch-Bauer den Künstler Gustav Klimt, ein Porträt seiner Frau Adele zu malen. Klimt brauchte drei Jahre für das in Öl und Gold gehaltene Werk. Im Jahr 1938 wurde der gesamte Besitz von Ferdinand Bloch-Bauer als »Schutzmaßnahme« von der NSDAP beschlagnahmt. Nach

Kriegsende forderten drei der noch lebenden Bloch-Bauer-Nachkommen einige der Gemälde ihres Vaters von der österreichischen Regierung zurück, da diese nach der Befreiung Nazideutschlands in den Besitz der Werke gelangt war. Im Jahr 2006 urteilte ein österreichisches Gericht, dass Maria Altmann, Erbin des Block-Bauer-Vermögens, rechtmäßige Eigentümerin des Porträts der Adele Bloch-Bauer sei. Kurze Zeit später, noch im selben Jahr, verkaufte sie es für 135 Millionen US-Dollar an den Geschäftsmann Ronald Lauder, der es in seiner Neuen Galerie in New York ausstellte.

▶ »Place de la Concorde«, Edgar Degas

»Place de la Concorde« gilt von jeher als eines der berühmtesten Gemälde von Degas. Man dachte, dass es im Zweiten Weltkrieg verlorengegangen wäre, aber es tauchte 1995 in der Eremitage in St. Petersburg auf, wo es noch heute gezeigt wird. Details über das Wiederauffinden dieses wertvollen Gemäldes sind nicht bekannt, es wird schlicht in der Rubrik »Unbekannte Herkunft« geführt. Es steht jedoch fest, dass das Werk von russischen Truppen aus der Sammlung des bekannten Kunstsammlers Otto Gerstenberg gegen Kriegsende gestohlen worden war. Das Gemälde gilt als Meilenstein in der Geschichte der französischen Malerei des 19. Jahrhunderts, sein Aufbau stellt eine wichtige Entwicklungsstufe moderner Kunst dar. Es zeigt einen Freund des Künstlers, den Schriftsteller Daniel Halevy, und den Künstler Ludovic-Napoleon Lepic mit seinen Töchtern und einem Hund am Place de la Concorde in Paris.

▶ »Der Astronom«, Jan Vermeer

Hitler war ein großer Bewunderer des niederländischen Malers Jan Vermeer und machte es sich zum erklärten Ziel, alle Werke Vermeers sein Eigen nennen zu können. Nach mehreren Vorbesitzern verkaufte der Pariser Kunsthändler Léon Gauchez das Gemälde 1888 an den Banker und Kunstsammler Alphonse James de Rothschild, der das Bild dann seinem Sohn Edouard Alphonse James de Rothschild vermachte. Im Jahr 1940, nach der Invasion Deutschlands in Frankreich, beschlagnahmte die Rauborganisation der Nazis, der Einsatzstab für die Besetzten Gebiete unter der Leitung von Reichsleiter Rosenberg, den »Astronom« aus Rothschilds Stadtpalais in Paris. Auf die Rückseite des Bildes wurde ein kleines Hakenkreuz aufgestempelt. Nach Kriegsende wurde es den Rothschilds zurückgegeben und 1983 vom französischen Staat als Anrechnung auf die fällige Erbschaftssteuer erworben. Seitdem kann man es im Louvre bewundern.

▶ »Das Bernsteinzimmer«, Andreas Schlüter

Das Bernsteinzimmer war das größte Werk des deutschen Architekten und Barockbildhauers Andreas Schlüter. Es handelte sich um einen komplettes Zimmer mit Wandverkleidungen aus Bernsteinelementen, Blattgold und Spiegeln. Er hatte es im 18. Jahrhundert im Auftrag des preußischen Königs Friedrich Wilhelm I. geschaffen, doch seit Ende des Zweiten Weltkriegs ist es verschollen.

Schlüter hatte den Raum entworfen, zunächst wurde der dänische Bernsteindreher Gottfried Wolfffram mit der Konstruktion beauftragt, die von 1701 bis 1711 dauerte. 1716 schenkte der König seinem russischen Verbündeten, Zar Peter dem Großen, den Raum. In Russland wurde das Bernsteinzimmer vergrößert. Nach mehreren Renovierungen war es über 55 Quadratmeter groß und enthielt über sechs Tonnen Bernstein.

Nach der Eroberung Leningrads raubte das Reichsheer das Bernsteinzimmer, zerlegte es in seine Einzelteile und brachte diese nach Königsberg. Seit dem Chaos des Kriegsendes ist es verschollen. Vermutlich wurde es durch Bombenangriffe auf die Stadt zerstört.

Wo liegen denn all die Bomben?

Fast siebzig Jahre nach Ende des Zweiten Weltkriegs gibt es in Deutschland noch immer Zehntausende nichtexplodierter Bomben, allesamt tickende Zeitbomben – im wahrsten Sinn des Wortes. Obwohl Jahr für Jahr Tausende dieser Bomben unschädlich gemacht werden, haben die Amerikaner und die Briten so viele davon über Deutschland abgeworfen, dass es noch mindestens zwanzig Jahre dauern wird, bis sie alle entdeckt und entschärft worden sind.

Die meisten dieser Bomben befinden sich in Brandenburg. Allein in dieser Gegend werden jährlich über fünfhundert Tonnen dieser Waffen im Rahmen von Baumaßnahmen entdeckt und von Bombenentschärfungstruppen unschädlich gemacht.

Doch die meisten Bomben liegen unentdeckt in Oranienburg. Schätzungen zufolge wurden mindestens 10 000 und wohl an die 20 000 Zeitzünderbomben – mit einem Gewicht von 250 bis 500 Kilogramm – im Zweiten Weltkrieg über der Stadt abgeworfen, die zwei bis 150 Stunden nach ihrem Aufschlag hätten explodieren sollen. Die große Mehrheit dieser Bomben ist jedoch aufgrund der ungewöhnlichen Bodenbeschaffenheit in und um Oranienburg nicht hochgegangen. Unter dem weichen Boden verbirgt sich eine harte Kiesschicht, was dazu führte, dass die Bomben zwar ins Erdreich eindrangen, dann aber von der Kiesschicht nach oben abgelenkt wurden und im Erdreich mit der Spitze nach oben liegen blieben – was wiederum dazu führte, dass sie nicht detonierten.

In den Zeitzünderbomben befand sich ein Behälter mit Aceton, der beim Aufprall der Bombe zerbersten sollte, so dass das Aceton freigesetzt wird und eine Zelluloidscheibe auflöst, die den gespannten Auslösestift zurückhält. Da aber die Bomben mit der Spitze nach oben im Boden lagen, verhinderte die Schwerkraft, dass das Aceton freigesetzt wurde, so dass die Bombe nicht zünden konnte.

Oranienburg war das Ziel heftiger Bombenangriffe der Amerikaner und Briten. Die Auer-Werke, eine Chemiefabrik mitten im Stadtzentrum gelegen, wurden massiv bombardiert, da die Alliierten davon ausgingen, dass dort die von den Nazis für die Arbeit an der Atombombe benötigten Chemikalien produziert würden. Doch es gab auch andere Angriffsziele wie die Heinkel-Werke, ein Flugzeughersteller, und einen Eisenbahnknotenpunkt auf der Strecke zur Ostfront und ein Waffendepot der Waffen-SS. Es wird davon ausgegangen, dass zwischen sieben und fünfzehn Prozent aller abgeworfenen Bomben Blindgänger waren und dass noch heute mindestens dreihundert nichtexplodierte Bomben unter der Stadt unentdeckt vor sich hin schlummern.

Wissenschaft und Naturgeschichte

Was nicht alles nach Albert Einstein benannt wurde

Der 1879 in Ulm geborene Albert Einstein gilt als Vater der modernen Physik. Seine Formel $E = mc^2$ (Energie ist gleich Masse mal Lichtgeschwindigkeit zum Quadrat) ist die bekannteste Formel der Welt, und seine Quantentheorie und die Relativitätstheorie sind ebenfalls weithin bekannt, obwohl sie nicht jedermann verstanden haben dürfte. Einstein weilte gerade in Amerika, als Adolf Hitler 1933 an die Macht kam, weshalb er es vorzog, nicht wieder nach Deutschland zurückzukehren, wo er als Professor für die Preußische Akademie der Wissenschaften in Berlin gearbeitet hatte. Einstein siedelte nach Amerika über und wurde 1940 amerikanischer Staatsbürger. Er starb 1955. Sein Name lebt bis heute weiter – teilweise in ziemlich unbekannten Formen …

▶ Einstein (Einheit)

Die Einheit Einstein entspricht einem Mol, also $6{,}022 \times 10^{23}$ Photonen, unabhängig von deren Frequenz. Bei Photonen einer bestimmten Wellenlänge ist ein Einstein pro Quadratmeter die Einheit der Strahlungsintensität. In Studien über die Photosynthese spricht man von einem Einstein, da die Lichtanforderung für die Erzeugung einer bestimmten Menge Sauerstoff einer bestimmten Anzahl von photosynthetisch aktiven Photonen entspricht.

▶ Einstein-Kühlschrank

Der Einstein-Szilárd oder Einstein-Kühlschrank bedient sich des Verdampfer-/Absorptionsprinzips, kommt ohne bewegliche Teile aus, arbeitet mit konstantem Druck und benötigt lediglich eine Wärme-, aber keine Stromquelle. 1926 haben Einstein und sein ehemaliger Student Leó Szilárd das Haushaltsgerät gemeinsam entwickelt und 1930 in Amerika patentieren lassen.

▶ Einstein-Syndrom

Das Einstein-Syndrom dient der Beschreibung von hochintelligenten Menschen, die vergleichsweise spät anfangen zu sprechen. Diese Entwicklungsverzögerung trägt Einsteins Namen, da der Physiker erst mit etwa drei Jahren zu reden begann.

▶ Einstein-Turm

Dieses astrophysische Observatorium befindet sich im Albert-Einstein-Wissenschaftspark in Potsdam.

► Einsteinova ulica

Eine Hauptstraße in Bratislava, Slowakei. (Natürlich gibt es auch in deutschen Städten Einsteinstraßen, z. B. in München oder Göttingen.)

► Albert-Einstein-Haus

In diesem Gebäude – ein nationales historisches Wahrzeichen – in Princeton, New Jersey, lebte Albert Einstein von 1936 bis zu seinem Tod.

► Einsteinium

Einsteinium ist ein synthetisches Element mit dem Elementsymbol Es und der Ordnungszahl 99. Im Periodensystem steht es in der Gruppe der Actinoide (7. Periode, f-Block) und zählt zu den Transuranen. Einsteinium wurde nach dem Test der ersten Wasserstoffbombe 1952 entdeckt und zu Ehren Albert Einsteins nach ihm benannt.

► Albert Einstein ATV

Dabei handelt es sich um ein unbemanntes europäisches Versorgungsschiff, das planmäßig 2013 ins All geschickt werden, an die Internationale Raumstation (ISS) andocken und sie mit Treibstoff, Wasser, Gasen und Trockenfracht versorgen soll.

Blitze über Deutschland

Jedes Jahr werden über eine Million Blitze in Deutschland registriert. Im Jahr 2010 wurden folgende »Blitz-Daten« erhoben:

- Insgesamt: 1 349 049
- Davon die meisten im Juli: 686 337
- Davon die meisten in der
  Kalenderwoche 28: 389 672
- Davon die meisten am 17. Juli 2010: 143 748

Jedes Jahr erleiden etwa fünfzig Menschen in Folge eines Blitzschlags Verletzungen, fünf bis sieben Personen mit tödlichen Folgen. Vielen Menschen ist nicht klar, dass ein Blitz bis zu sechzehn Kilometer von der Gewitterwolke entfernt einschlagen kann. Das menschliche Gefäß- und Nervensystem ist aufgrund seiner hohen elektrischen Leitfähigkeit besonders anfällig für Schädigungen durch Blitzeinschlag. Die Folgen reichen aufgrund einer möglichen Hirnverletzung von Persönlichkeitsveränderungen, einem extrem gesteigerten Schlafbedürfnis tagsüber bis zu Schlafstörungen und Konzentrationsschwäche. Möglich sind aber auch Lähmungen, Wahrnehmungsstörungen und chronische Schmerzen sowie psychologische Probleme wie Depression und kognitive Störungen.

11 deutsche Erfindungen, die die Welt verändert haben

► Der Airbag

Bereits in den sechziger Jahren arbeitete man an der Idee, Luftpolster zum Schutz vor Verletzungen durch Autounfälle zu nutzen. Das damals eingesetzte System, das mit komprimierter Luft funktionierte, war jedoch zu träge, und wahre Fortschritte wurden damit erst 1971 erzielt, als Mercedes-Benz den technischen Durchbruch erreichte, indem ein kleiner Raketenantrieb, der durch einen Elektrosensor ausgelöst wurde, ein Luftkissen in Millisekunden mit Luft füllte. Doch der dabei entstehende Druck war so hoch, dass das Kissen mit Haltegurten befestigt werden musste. Auch die dabei entstehenden Gase stellten sich als gesundheitsschädlich heraus. Es dauerte noch relativ lange, bis ein System, das Druckgas und Pyrotechnik miteinander kombinierte, entwickelt wurde. Erst 1981 erreichte das System Serienreife und wurde zum ersten Mal für die Mercedes-Benz S-Klasse als Sonderausstattung angeboten. Mittlerweile gehört der Airbag zur Standardsicherheitsausrüstung aller Fahrzeuge weltweit.

► Aspirin

Aspirin ist gewissermaßen der medizinische Hansdampf in allen Gassen. Es lindert Schmerzen, senkt

Fieber und hilft bei Entzündungen. Sein Ursprung reicht bis ins Jahr 1897 zurück, als es dem bei Bayer beschäftigten Wissenschaftler Felix Hoffmann gelang, Acetylsalicylsäure synthetisch herzustellen. Diese Säure entpuppte sich als äußerst wirksam bei der Linderung von Schmerzen und zeigte nur geringe Nebenwirkungen. Schon kurz nach der Markteinführung erzielte Aspirin Umsätze in Rekordhöhe. Noch heute ist Aspirin weltweit das beliebteste Schmerzmittel. Jährlich produziert Bayer 12 000 der 50 000 Tonnen Acetylsalicylsäure, die weltweit erzeugt werden.

▶ Die Chipkarte

Bereits Anfang der sechziger Jahre hatten große Finanzdienstleister Haus und Hof auf den Siegeszug einer Plastikkarte verwettet. Doch damals entsprachen weder Unterschrift des Karteninhabers noch der Magnetstreifen, wie beides heute typisch für eine Chipkarte ist, den Sicherheitsanforderungen für den bargeldlosen Zahlungsverkehr. An diesem Punkt kamen Jürgen Dethloff und Helmut Göttrup ins Spiel, die 1968 ein Patent für eine Karte mit integriertem Schaltkreis beantragten. 1977 ging Dethloff einen Schritt weiter und entwickelte die Karte mit einem winzigen Mikroprozessor. Im Gegensatz zu einer Speicherkarte, bei der nur lese- und schreibfähige Datensätze gespeichert werden können, kann eine

Mikroprozessorkarte beliebig programmiert werden. Heutzutage hat sich diese Karte, die in jede Brieftasche passt, weltweit durchgesetzt, um wichtige Daten sicher abzuspeichern und darauf zuzugreifen.

▶ Das mp3-Format

Ist Ihre komplette Musiksammlung im mp3-Format gespeichert, können Sie sie problemlos überall hin mitnehmen. Schließlich schrumpft das Datenvolumen auf ein Zwölftel seiner ursprünglichen Größe, da alle Frequenzen, die das menschliche Ohr nicht wahrnehmen kann, gelöscht werden. Forschern des Fraunhofer Instituts für Integrierte Schaltkreise gelang es 1987 zum ersten Mal, Audiodateien in das mp3-Format umzuwandeln. Ursprünglich wollten sie mit diesem Verfahren die Qualität von Telefonaten verbessern, aber mp3 hat schon kurze Zeit später die komplette Musikindustrie auf den Kopf gestellt.

▶ Das Tonband

Die Erfindung des Tonbands 1928 war bahnbrechend. Der Ingenieur Fritz Pfleumer ersetzte die bislang zur Aufzeichnung von Tönen verwendeten Stahlbänder durch einen Papierstreifen, auf dem gehärteter Stahlstaub mit Lack fixiert wurde, und schuf damit einen magnetisierbaren Tonträger. Bei der ersten Vorstellung dieses Geräts riss Pfleumer das Band in mehrere Stücke und setzte sie anschließend wieder zusammen. Der einzig hörbare Unterschied zwischen dem »zusammengeflickten« Band und dem ursprünglichen war ein leichtes Knacken bei den Übergängen. Pfleumers Tonband ermöglichte jetzt nicht nur das Aufzeichnen von langen Stücken, sondern auch die Aufzeichnung in bester Tonqualität.

▶ Die Pille

Als der Pharmakonzern Schering 1961 in Deutschland die erste oral einzunehmende Pille zur Empfängnisverhütung auf den Markt brachte, schienen die Folgen vielversprechend: Sexualität und Kinderkriegen waren nunmehr zwei Paar Stiefel. Doch die Pille spaltete das Volk in zwei Lager: ihre Befürworter, die darin den Weg in die sexuelle Selbstbestimmung sahen, und ihre Gegner, die den Verfall der Sitten kommen sahen. In Anerkennung dieser »drohenden Gefahr« wurde die Pille deshalb zunächst nur Frauen verschrieben, die bereits mindestens zwei Kinder hatten. Doch die Frauenbewegung und die sexuelle Befreiung der sechziger Jahre sorgten schon bald dafür, dass die Pille in weiten Kreisen auf Akzeptanz stieß.

▶ Die Relativitätstheorie

Wie allgemein bekannt, setzte sich Albert Einstein bereits 1905 mit der Frage auseinander, ob Zeit und Raum absolute Größen seien. Zeit, davon war er überzeugt, hinge doch grundsätzlich von der Geschwindigkeit eines sich bewegenden Körpers ab. Und infolgedessen seien Zeitmessungen doch grundsätzlich relativ zu ihrer Bezugsgröße zu verstehen. Anders ausgedrückt, Uhren in Flugzeugen oder Schnellzügen liefen langsamer als die Uhr eines Fußgängers. Damit, aber auch mit der Entwicklung seiner Allgemeinen Relativitätstheorie im Jahr 1915 änderte Einstein das Verständnis von Zeit und Raum auf der ganzen Welt.

▶ Die Zahnpasta

Ganz gleich, ob mit Kräuter-, Pfefferminz- oder sonst einem Geschmack, Zahnpasta dient der Mundhygiene und sorgt für frischen Atem. Das weiß jedes Kind – doch wer hat sie gleich noch mal erfunden? Kein anderer als Ottomar von Mayenburg. In seinem »Leo-Labor«, wie er sein kleines Reich im Dachboden des Gebäudes der »Löwen-Apotheke« in Dresden bezeichnete, hatte er bereits 1907 mit Zahnpulver, Mundwasser und ätherischen Ölen experimentiert. Von Mayenburgs Ziel war die Fertigung einer mund- und zahnreinigenden Paste, die bei regelmäßiger Anwendung besten Schutz der Zähne bot. Nach einiger Zeit entwickelte er die Zahnpasta Chlorodont. Des guten Geschmacks wegen gab er noch etwas Pfefferminze dazu und füllte die Paste dann in biegsame Metalltuben. Bei der ersten Internationalen Hygiene-Ausstellung in München 1911 wurde die Zahnpasta mit einer Goldmedaille ausgezeichnet.

▶ Der Computer

Der erste voll funktionstüchtige programmierbare Computer mit drei logischen Schaltungen und 2600 Relais wurde 1941 eingesetzt. Konrad Zuse, der Erfinder des elektromechanischen binären Urrechners Z3 war ein Entwicklungsingenieur aus Berlin. Bereits 1936 hatte er mit dem Bau eines mechanischen Rechners begonnen. Der Speicher des ersten Rechners Z1 bestand aus Metallplättchen, die Stifte in zwei unterschiedliche Positionen drückten – null und eins. Doch die Bestandteile mit ihrer rauen Oberfläche verfingen sich leicht ineinander, was häufig zu falschen Rechenergebnissen führte. Deshalb nutzte Zuse daraufhin Relais in den unterschiedlichsten Formen mit unterschiedlicher Spannung. Damit gelang ihm der Sprung zum elektromechanischen Computer, dem Z3, der Rechnungen in den vier Grundrechenarten in drei Sekunden schaffte.

▶ Die Gummibärchen

»Das Beste, was die Weimar Republik je hervorgebracht hat!«, mit diesen Worten schwärmte Kaiser Wilhelm II. von den Gummibärchen. Und wer hat sie der Welt geschenkt? Der Konditor Hans Riegel – und zwar in seiner Küche in Kessenich bei Bonn im Jahr 1922. Zwei Jahre zuvor hatte er das Unternehmen Haribo gegründet. Seitdem ist das Gummibärchen etwas pummeliger geworden und in allen Farben des Regenbogens erhältlich.

▶ Das Düsentriebwerk

Der Physiker Hans von Ohain und sein Assistent Hahn stießen Seufzer der Erleichterung aus, als ihnen der Unternehmer Ernst Heinkel 1935 finanzielle Unterstützung anbot. Die Rettung für die beiden Pioniere der Luftfahrt, die an einem propellerlosen Triebwerk arbeiteten, kam in letzter Sekunde. Ohains Entwürfe gipfelten in dem Düsentriebwerk HeS-3, mit der die Heinkel He 178 – das erste Flugzeug mit Düsenantrieb – im August 1939 erfolgreich startete und landete.

Extremes Wetter in Deutschland

Das vergangene Jahrzehnt zeichnete sich durch unerwartete Wetterextreme aus. Bereits 2002 registrierte die Wetterstation in Zinnwald-Georgenfeld mehr Niederschlag an einem einzigen Tag als jemals zuvor in Deutschland – und dann kam die schlimmste Flut der Elbe, die sogenannte Jahrhundertflut. 2003 gab es in Europa den heißesten Sommer seit mindestens fünfhundert Jahren. Westrussland erlebte 2010 den heißesten Sommer seit Jahrhunderten, während die Niederschläge in Pakistan und Australien Rekordhöhen erreichten. Allein 2011 kam es in Amerika zu vierzehn wetterbedingten Schäden, die das Land jeweils mehr als eine Milliarde US-Dollar kosteten. Vom 13. bis 19. März 2012 stellte der heiße Sommer die Temperaturrekordwerte vergangener Jahre in über tausend Städten Nordamerikas in den Schatten.

Wissenschaftler des Potsdamer Instituts für Klimafolgenforschung führen in ihrer Untersuchung »Extreme Wetterereignisse des vergangenen Jahrzehnts« aus, dass eine derartige Häufung solcher Wetterextreme nicht zufällig ist, sondern mit der vom Menschen verursachten globalen Erwärmung zusammenhängt. Die globale Erwärmung kann aus einem extremen Wetterereignis ein rekordbrechendes machen. Einzelne solcher Vorfälle hängen oft mit den Umständen vor Ort zusammen wie einem blockierenden Hochdruckgebiet oder einem Naturereignis wie El Niño. Doch vor dem Hintergrund der globalen Erwärmung nehmen diese Vorfälle ungeahnte Ausmaße an.

Auch wenn der Nachweis, dass die globale Erwärmung einzelne extreme Wetterereignisse bedingt, noch fehlt, weisen diese Ereignisse in Summe auf einen eindeutigen Zusammenhang mit dem Klimawandel hin. »Diese Frage ist keine Frage von ja oder nein, sondern eine Frage der Wahrscheinlichkeit«, meint Dim Coumou, Hauptautor der obengenannten wissenschaftlichen Arbeit. »Im Grunde ist es nicht anders als bei einem Würfelspiel. Man weiß, dass irgendwann einmal die Sechs kommt, doch wann genau, kann niemand wissen. Mittlerweile wird die Sechs aber häufiger gewürfelt und zwar weil wir mit einem anderen Würfel spielen.«

In Deutschland war es 2011 um 1,4 Grad wärmer als der langfristige Durchschnittswert. Zugleich war 2011 das viertwärmste Jahr seit Beginn der Wetteraufzeichnungen 1881. Und hier die wichtigsten gemessenen Extremwerte für Deutschland:

▶ Höchsttemperaturen
40,2 Grad Celsius, gemessen in Garmersdorf bei Amberg (Oberpfalz) am 27. Juli 1983 sowie in Karlsruhe und Freiburg, jeweils am 13. August 2003.

▶ Niedrigste Temperatur
−37,8 Grad Celsius, gemessen in Hull am 12. Februar 1929.

▶ Die höchste Niederschlagsmenge in 24 Stunden
312 Millimeter in Zinnwald-Georgenfeld (Erzgebirge) am 12. und 13. August 2002.

▶ Die höchste Niederschlagsmenge in einem Monat
777 Millimeter in Oberreute / Kreis Lindau (Bodensee) im Mai 1933 und 777 Millimeter in Stein / Kreis
Rosenheim (Oberbayern) im Juli 1954.

▶ Die höchste Niederschlagsmenge in einem Jahr
3503 Millimeter in Balderschwang / Allgäu (1050 Meter über dem Meeresspiegel) 1970.

▶ Die geringste Niederschlagsmenge in einem Jahr
242 Millimeter in Straußfurt (Thüringen) 1911.

▶ Der sonnigste Monat
403 Stunden in Kap Arkona / auf Rügen im Juli 1994.

Tiere und Pflanzen, die es nur in Deutschland gibt

Die überwiegende Mehrheit der Pflanzen- und Tierarten finden sich nicht nur in Deutschland, sondern auch in seinen Nachbarstaaten. Doch eine
verschwindend geringe Anzahl lebt wirklich nur in
Deutschland. Aber lesen Sie selbst!

▶ Tiere
· Nordsee-Plattwurm (Aculeorhynchus glandulis)
· Präger Dammläufer (Nebria praegensis)

- Schnellkäfer (Ampedus ziegleri)
- Brauner Schimmelkäfer (Melanophthalma rhenana)
- Baldachinspinne (Centromerus piccolo)
- Flohkrebs (Niphargellus, Niphargus enslini)
- Badischer Riesenregenwurm (Lumbricus badensis)
- Strudelwurm (Achaeta microcosmi)

▶ Pflanzen
- Bayerisches Löffelkraut (Cochlearia bavarica)
- Elbe-Rasenschmiele (Deschampsia wibeliana)
- Allgäu-Frauenmantel (Alchemilla cleistophylla)
- Sandquecke (Elymus arenosus)
- Sächsisches Reitgras (Calamagrostis pseudo-purpurea)
- Hahnenfuß (Ranunculus monacensis)
- Sorbische Brombeere (Rubus sorbicus)
- Peitz' Ständelwurz (Epipactis peitzii)
- Violettes Galmei-Stiefmütterchen (Viola guestphalica)
  Und noch zwei Bäume:
- Badische Mehlbeere (Sorbus badensis) und
- Hersbrucker Mehlbeere (Sorbus pseudothuringiaca)

Das El Dorado der Fossilien

Im Solnhofener Plattenkalk in Bayern finden sich noch heute Fossilien und andere Einschlüsse aus der späten Jurazeit vor rund einhundertfünfzig Millionen Jahren, die zu den besterhaltenen weltweit zählen. Gegen Ende der Jurazeit war ein Großteil Deutschlands nichts anderes als ein warmes, seichtes Meer mit Inseln und Lagunen, die aus Korallen und Schwämmen entstanden waren. Diese Lagunen hatten keinerlei Verbindung zum offenen Meer und auch keinen Süßwasserzufluss. Dadurch stieg der Salzgehalt in diesen Lagunen immer weiter an, bis sogar Bakterien nicht mehr in diesen lebensfeindlichen Gewässern leben konnten. Bei Tieren, die dort ertranken oder deren tote Körper in die Lagunen geschwemmt wurden, verzögerte sich deshalb die Verwesung. Sie sanken zum Grund der Lagunen, einem weichen Schlamm, und blieben dort als Versteinerung erhalten. Andernorts wären sie entweder von Strömungen zerstört oder von anderen Tieren verspeist worden.

Im Laufe von Millionen von Jahren trocknete das Land aus, und aus dem Schlamm bildeten sich dünne Schichten von feinkörnigem Kalkstein, der seit der Steinzeit abgebaut und als Dachziegel oder Bodenfliesen, in jüngster Zeit für Lithographie genutzt wird. Dieser Kalkstein – bekannt als Solnhofener

Plattenkalk oder auch Solnhofener Kalkstein – ist berühmt für die darin enthaltenen Fossilien, die noch sehr gut erhalten sind und viele Details der versteinerten Pflanzen und Tiere preisgeben.

Solnhofen wurde nicht zuletzt wegen des Archaeopteryx (des Urvogels, der als erstes Lebewesen gilt, das mehr Gemeinsamkeiten mit einem Vogel als mit einem Dinosaurier aufweist und zugleich beweist, dass Vögel von Reptilien abstammen) und verschiedenen Flugsauriern wie dem Pterodactylus, Rhamphorhynchus und Anurognathus bekannt. Das erste Fossil eines Flugsauriers wurde 1784 im Solnhofener Plattenkalk entdeckt. Zunächst hielt man es für die Versteinerung eines ausgestorbenen Wasserreptils. Doch 1809 erkannte Georges Cuvier, der bekannte Naturforscher, der die vergleichende Anatomie zu einer Forschungsdisziplin erhoben hatte, dass das Skelett darauf hinwies, dass dieses Tier fliegen konnte. Aus diesem Grund taufte er es Pterodactyl – »Flügelfinger« –, doch dieser Name wurde später in Pterodactylus umgeändert. Noch später, als noch zahlreiche weitere Flugsaurierversteinerungen entdeckt wurden und man erkannte, dass es wohl eine eigene Spezies war, die vor Urzeiten existiert hatte, verlieh man diesen Tieren den Namen »Pterosauria« oder »Flugechsen«.

Studien der Fossilienfunde haben ergeben, dass Pterosaurier sich während ihrer evolutionären Geschichte von etwa einhundertsechzig Millionen Jahren zum größten Flugtier aller Zeiten entwickelten. Die ersten Exemplare dieser Spezies besaßen eine Spannweite von etwa einem Meter, doch gegen Ende des Mesozoikums lebten riesige Flugechsen wie der Quetzalcoatlus mit einer Spannweite von mehr als zehn Metern.

Nummerierte Bäume

Beim nächsten Spaziergang durch die Alleen in Deutschlands Städten sollten Sie einmal einen Blick nach oben werfen. Jede Wette, dass der Baum vor Ihnen keine Früchte, sondern ein Schild mit einer Nummer darauf trägt. In den meisten größeren Städten Deutschlands werden Bäume in ein sogenanntes Baumkataster eingetragen. Damit wird der gesamte Baumbestand erfasst, katalogisiert und von den Kommunen verwaltet. Das Baumkataster hilft außerdem, die Gegenden zu identifizieren, wo sich Ordnungsverstöße zum Beispiel gegen Park- und Halteverbot oder andere Verkehrsdelikte ereignen.

Hier ein Beispiel aus der Praxis: Frankfurt am Main verwaltet rund 175 000 Bäume in seinem Kataster und verwendet dafür zwei unterschiedliche Schilder. Das Grünflächenamt benutzt grüne zur

Kennzeichnung von Stadtbäumen, während das Umweltamt Bäume in Parks und dem Stadtwald mit Metallschildern kennzeichnet, so dass man sofort erkennen kann, in welchen Bäumen Fledermäuse und Vögel nisten.

Der deutsche Erfindergeist

Wen überrascht es, dass die Deutschen in Sachen technische Innovationen und Patentanmeldungen im globalen Vergleich zu den vier »klügsten Köpfen« zählen? Als Beweis folgt hier die Hitliste der Patentanmeldungen pro Million Einwohner aus dem Jahre 2010:

1.	Republik Korea	2 696,78
2.	Japan	2 276,03
3.	Vereinigte Staaten von Amerika	782,97
4.	**Deutschland**	**575,83**
5.	Neuseeland	362,88
6.	Demokratische Volksrepublik Korea	329,33
7.	Finnland	322,73
8.	Dänemark	293,28
9.	Österreich	289,10
10.	Großbritannien	248,96
11.	Schweden	234,14
12.	Norwegen	228,65

13. Frankreich   227,32
14. China   218,98
15. Slowenien   215,32
16. Schweiz   210,22
17. Russische Föderation   202,62
18. Israel   190,17
19. Weißrussland   185,34
20. Island   179,58

Wissensexportweltmeister wider Willen

Mit dem Ende des Zweiten Weltkriegs schloss sich das dunkelste Kapitel in der Geschichte Deutschlands – das Kriegsende hat aber auch zum größten Export von Wissen in der Geschichte der Welt geführt. Anfang 1945, in der Endphase des Kriegs, wetteiferten die britischen, amerikanischen und russischen Streitkräfte um die unschätzbar wertvollen Gerätschaften und das Wissen aus der deutschen Industrie und dem deutschen Militär, aber auch um das Personal. Letztendlich buhlten sie also um das industrielle und wissenschaftliche Vermögen der Deutschen, sprich um Patente, Lkw-Ladungen von Dokumenten, Tausende von Tonnen an wissenschaftlichen und militärischen Gerätschaften, Hunderte von Ingenieuren, Wissenschaftlern und deren Familien. Unter den Patenten waren auch die für ein Magnettonband, eine weiterentwickelte Klimaanlage, Kältetechnik und die Infrarottechnik. Von all den Betriebsgeheimnissen stammt der größte Glücksfall aus dem deutschen Konzern I. G. Farbenindustrie AG, kurz IG Farben. Diese »Schatztruhe« enthielt das gesamte wissenschaftliche Know-how über die Herstellung von flüssigen und festen Brennstoffen, Metallurgie, synthetischem Gummi, Textilien, Chemikalien, Kunststoffen, Medikamenten und Farben.

Das US-amerikanische Programm mit dem Decknamen Operation Paperclip (zu Deutsch Büroklammer) war das bedeutendste dieser Vorhaben. Unter der Leitung der Joint Intelligence Objectives Agency lautete dessen Ziel, den Vereinigten Staaten möglichst viel Sachverstand zukommen zu lassen, es der damaligen UdSSR und den anderen Verbündeten aber vorzuenthalten – und das vor dem Hintergrund des Kalten Kriegs, der sich jetzt schon abzeichnete. Dieses Wissen sollte zudem für den Krieg mit Japan genutzt werden. Rasch wurden Teams aus Militärangehörigen und Zivilisten gebildet, die den Wettlauf gegen die Zeit antraten, um so viele Informationen wie möglich aus Deutschland herauszuholen, bevor sie in die Hände der anderen Besatzungsmächte gelangten.

Die Amerikaner konzentrierten sich damals auf Sachsen und Thüringen, beide sollten ab dem 1. Juli

1945 zur sowjetischen Besatzungszone gehören. Viele deutsche Forschungseinrichtungen und Wissenschaftler waren dorthin gebracht worden. Da die Amerikaner befürchteten, nach diesem »Anschluss« keinen Zugriff auf dieses Wissen mehr zu erhalten, packten sie alles zusammen, was nicht niet- und nagelfest war, darunter auch Hunderte von Zugwaggons vollgestopft mit der V2-Rakete, die dann in die USA verschifft wurden. »Zugbegleiter« waren der Raketenforscher Wernher von Braun und Hunderte seiner Ingenieure. Die V2 wurde für Testzwecke verwendet und war die Basis für die Entwicklung der US-amerikanischen militärisch genutzten Redstone- und Pershing-Raketen, aber auch der Saturn-Rakete, die das Raumschiff Apollo und die Raumstation Skylab in die Umlaufbahn schoss.

Die Sowjets hatten natürlich ihre eigenen Programme für die Wissensausbeutung Deutschlands, auch sie nutzten die V2 als Grundlage für das Militär und die Raumfahrt – und auch die Briten taten es ihnen gleich.

Der britische Geheimdienst hatte den radikalen Flugzeugkonstrukteur Helmut Walter ein paar Tage vor Kriegsende gefangen genommen – und erfuhr damit von der Lage der Messerschmitt 163 »Komet« (Spitzname »Kraftei«) – ein Objektschutzjäger mit Raketenantrieb – und der Messerschmitt 262. Die Me-262 war im Juli 1942 zum ersten Mal abgehoben und wurde Vorbild des US-amerikanischen Düsenflugzeugs F-86 Sabre und der russischen MiG-15.

Herbert Wagner, der Erfinder der ersten Fernlenkwaffe der Nazis, die im Kampf verwendet werden konnte, war einer der ersten Wissenschaftler, die nach Amerika gebracht wurden – eine Woche nach Kriegsende. Dort arbeitete er an der Entwicklung von Waffen, die im anhaltenden Pazifikkrieg gegen Japan eingesetzt werden sollten.

Bis 1955 erhielten fast tausend deutsche Wissenschaftler die US-amerikanische Staatsbürgerschaft und bekleideten hohe Ämter innerhalb der wissenschaftlichen Gemeinschaft Amerikas. Viele arbeiteten an Universitäten oder bei Waffenherstellern oder für die Regierung.

Der Vormarsch der Roboter

Es ist allgemein bekannt, dass die Weltbevölkerung kontinuierlich wächst, weit weniger bekannt dürfte jedoch sein, dass auch die Zahl der Roboter ständig ansteigt. Diese Tendenz zeigt sich vor allem in technokratisierten Industrieländern wie Deutschland und Japan, findet aber auch anderswo statt.

Im Jahr 1980 gab es weltweit etwa 30 000 Industrieroboter. Diese Zahl ist mittlerweile auf eine Million angestiegen, etwa die Hälfte davon befindet sich in Japan und etwa ein Drittel in Europa. Deutschland ist der zweitgrößte Nutzer von Industrierobotern weltweit.

Deutschland hat gemeinsam mit der Republik Korea und Japan die Nase vorn, was die Dichte anbelangt: Auf je 10 000 Beschäftigte kommen zwischen 261 und 347 Roboter. (Durchschnittlich wurden Ende 2011 weltweit 55 Roboter je 10 000 Mitarbeiter in den herstellenden Betrieben eingesetzt.)

Roboter werden nicht nur für die Arbeit eingesetzt, auch in der Spieleindustrie und der Forschung sind sie mittlerweile selbstverständlich. Es dürfte nicht weiter überraschen, dass deutsche Forscher ihren Robotern das Fußballspielen beigebracht haben. Das Roboterteam der Universität Stuttgart hat übrigens die RoboCup WM 2009 gewonnen. Am letzten Tag der Veranstaltung, an der Roboterteams aus acht weiteren Ländern teilnahmen, schlugen die Stuttgarter E-Kicker in einem spannenden Endspiel das Team Tech United aus Eindhoven (Niederlande) mit 4 : 1.

Die Roboter-Fußball-WM geht bis ins Jahr 1997 zurück. Das ehrgeizige Ziel der Veranstaltung lautet, Roboter und künstliche Intelligenz bis 2050 weiterzuentwickeln, so dass sie als elfköpfige Mannschaft gegen die menschlichen Sieger der WM desselben Jahres antreten können. Bei einem Blick auf den derzeitigen Stand wird klar, wie ehrgeizig dieses Ziel ist, denn selbst wenn ein Fußballroboter direkt vor dem gegnerischen Tor steht, dauert es mehrere Minuten, bis er ein Tor schießt.

Die in die Entwicklung und Konstruktion von Robotern für den RoboCup gesteckte Arbeit – Bildbearbeitung in Echtzeit, kooperative Robotertechnik und Planung – soll zu weiteren Erkenntnissen und neuen Anwendungsmöglichkeiten führen wie zum Beispiel autonome Fahrzeugtechnik, kooperative Industrieroboter und Roboter, die als Haushaltshilfe oder bei der Versorgung und Bergung von Verletzten eingesetzt werden können.

Der Griff nach den Sternen

Die Erforschung des Weltalls, die Landung auf dem Mond und die aktuelle Mission zum Mars gehen allesamt auf die deutsche Raketenforschung zurück, die ihre Anfänge kurz nach dem Ersten Weltkrieg nahm. Schon in den zwanziger Jahren hatten Forscher Interesse an der Raumfahrt bekundet, in den dreißiger Jahren wurden in ganz Deutschland entsprechende Clubs gegründet, darunter der Verein für Raumschifffahrt. Zu seinen Mitgliedern gehörte auch ein junger Ingenieur namens Wernher von Braun.

Bei der Suche des Militärs nach Waffen, die nicht

gegen den Vertrag von Versailles verstießen, war Artilleriekapitän Walter Dornberger mit der Aufgabe betraut worden zu prüfen, ob Raketen auch als Angriffswaffen genutzt werden könnten. Dornberger wandte sich zunächst an den Verein für Raumschifffahrt und erteilte ihm später den Auftrag, eine Rakete zu bauen, die ein explosives Geschoss tragen kann. Von Braun leitete dieses Projekt und arbeitete im Frühling und Sommer 1932 an einem Prototyp. Obwohl die erste Testvorführung scheiterte, war Dornberger davon so beeindruckt, dass er von Braun als Zivilangestellten im Raketenprogramm des Heereswaffenamtes einstellte.

Bis 1934 hatten von Braun und Dornberger ein Team aus etwa achtzig Ingenieuren zusammengestellt, die in Kummersdorf südlich von Berlin Raketen bauten. Zwei neue Raketen namens Max und Moritz wurden 1934 erfolgreich getestet. Doch mittlerweile platzten die Räumlichkeiten in Kummersdorf aus allen Nähten, und so wurde die Forschung nach Peenemünde, einem abgelegenen Ort an der Ostseeküste, verlegt. Hier war genug Platz, um Raketen abzufeuern und ihre Flugbahn zu beobachten, ohne dabei Land und Leute zu gefährden.

Nach erfolgreichen Tests der Rakete A-2 galt es, als nächsten Schritt des Militärprogramms eine Langstreckenrakete zu entwickeln. Von Brauns Team entwickelte daraufhin die A-3 und schließlich die A-4.

Letztere war eine vierzehn Meter hohe Einstufen-
rakete, die von Alkohol und flüssigem Sauerstoff
angetrieben wurde. Ihre Nutzlast lag bei 1000 Kilogramm, die Höchstgeschwindigkeit bei 5500 Stun-
denkilometern. Im Oktober 1942 wurde die A-4 zum
ersten Mal in Peenemünde gestartet. Nachdem sie
die Schallmauer durchbrochen hatte, erreichte sie
eine Flughöhe von einhundert Kilometern.

Nach nur wenigen Monaten wurde die A-4, jetzt
unter dem Namen V2, in großen Mengen in Peenemünde produziert. Ab September 1944 wurden über
3000 V2s auf den Weg nach England und Belgien geschickt.

Anfang 1945 war die Lage für die Deutschen aus-
sichtslos, der Krieg schien so gut wie verloren, und
von Braun begann, sich Sorgen um die Zukunft seines
Raketenprogramms zu machen. Von Braun wollte
nicht nur seine Forschungs- und Entwicklungsarbeit
bewahren, sondern interessierte sich auch für deren
Anwendung in der Raumfahrt. Nach Gesprächen mit
seiner Führungsriege wurde beschlossen, sich den
US-amerikanischen Streitkräften zu ergeben. Mit gefälschten Papieren in der Tasche kaperte von Braun
einen Zug und machte sich mit mehreren Hundert
seiner Mitarbeiter quer durch Deutschland auf, um
sich bei einer US-amerikanischen Division zu melden.
Nach einer kurzen Besprechung mit von Braun und
seinem Team reisten die US-amerikanischen Streit-

kräfte sofort nach Peenemünde und Nordhausen, um sich so viel Material über die V2 zu sichern wie möglich. Letzten Endes wurden viele Hunderte Waggonladungen mit kompletten Raketen und Ersatzteilen in die USA verschifft, und nur wenige Tage nach der Kapitulation Deutschlands wurde Herbert Wagner, der Erfinder der ersten im Kampf von den Nazis eingesetzten ferngelenkten Rakete, nach Amerika geflogen. Bis Mitte November waren ihm über siebenhundert weitere Raketenforscher, darunter Wernher von Braun, gefolgt.

Wernher von Braun wurde der erste Direktor des George C. Marshall Space Flight Center der NASA in Alabama, die anderen Forscher bekleideten ähnliche Positionen wie im damaligen Nazideutschland: Arthur Rudolph wurde Projektleiter des Raketenprogramms Saturn V, und der V2-Testleiter Kurt Debus wurde der erste Direktor des Kennedy Space Centers. Mit dem Kalten Krieg wurde ihre Arbeit dringlicher denn je.

Auch die russischen Streitkräfte waren an den Aufzeichnungen über die deutsche Raketenforschung, aber auch an den Wissenschaftlern und Ingenieuren interessiert. Russland und die USA lieferten sich nun ein Kopf-an-Kopf-Rennen im Kalten Krieg, wem es zuerst gelingen würde, interkontinentale Raketen zu entwickeln, um den anderen damit zu bedrohen. Auch die Erforschung des Weltalls stand auf beider

Programm, wobei hier Russland die Nase vorn hatte, als es den ersten Satelliten in die Umlaufbahn der Erde brachte. Nach dem Erfolg von Sputnik 1 1957 schoss Russland das erste Tier in den Weltraum – den Hund Laika, ebenfalls 1957 –, und vier Jahre später umrundete der erste Mensch die Erde und kehrte sicher wieder zurück: Oberst Juri Gagarin. Die Antwort der USA ließ nicht lange auf sich warten. Sie wollten als Erste auf dem Mond landen, was ihnen 1969 ja auch gelang.

Auch heute noch erforscht Deutschland den Weltraum, zuständig ist das Deutsche Zentrum für Luft- und Raumfahrt e. V., das 1997 gegründet wurde. Das DLR besteht aus einem halben Dutzend Forschungseinrichtungen für die Raum- und Luftfahrt, die auf die 1907 gegründete Modellversuchsanstalt der Motorluftschiff-Studiengesellschaft – die älteste Vorgängerorganisation des DLR – zurückgehen. Das DLR ist das Forschungszentrum der Bundesrepublik Deutschland für Luft- und Raumfahrt, Energie und Verkehr und beschäftigt heute über 6000 Mitarbeiter in zahlreichen Instituten und Einrichtungen. Ziel der Luftfahrtforschung des DLR ist es, die Wettbewerbsfähigkeit der nationalen und der europäischen Luftfahrtindustrie und Luftverkehrswirtschaft zu stärken und den Anforderungen von Politik und Gesellschaft nachzukommen, zum Beispiel beim Thema klimaverträglicher Luftverkehr.

Die deutschen Aktivitäten in der Weltraumforschung reichen von Experimenten in der Schwerelosigkeit, über die Erforschung anderer Planeten bis zur Umweltbeobachtung aus dem All. Außerdem nimmt das DLR als Raumfahrtagentur der Bundesrepublik Deutschland hoheitliche Aufgaben für die Planung und Umsetzung der deutschen Raumfahrtaktivitäten wahr. Der Projektträger im DLR ist in weiten Bereichen ebenfalls mit hoheitlichen Aufgaben bei der Betreuung der Fördermittel betraut.

In der Energieforschung arbeitet das DLR an hocheffizienten und kohlendioxidarmen Stromerzeugungsprozessen auf Basis von Gasturbinen und Brennstoffzellen, an solarthermischer Stromerzeugung sowie an der effizienten Nutzung von Wärme, einschließlich Kraft-Wärme Kopplung auf der Grundlage fossiler und erneuerbarer Energiequellen.

Die Verkehrsforschung des DLR beschäftigt sich mit den Themen Sicherung der Mobilität, Schonung von Umwelt und Ressourcen sowie Verbesserung der Sicherheit im Verkehr.

Die hochauflösende Stereokamera HRSC ist Deutschlands wichtigster Beitrag zur Mission Mars Express der Europäischen Weltraumorganisation ESA. Es ist die erste digitale Stereokamera, die zusätzlich multispektrale Informationen liefert und über ein hochauflösendes Objektiv verfügt. Die Kamera nimmt Bilder der Marsoberfläche auf, die die Grundlage für zahlreiche wissenschaftliche Untersuchungen sind.

Seit 2005 untersucht das DLR außerdem die Möglichkeit, den interkontinentalen Passagiertransport durch suborbitale Raumflüge zu ermöglichen. Das wiederverwendbare Raumfahrzeug SpaceLiner soll vertikal starten und horizontal landen.

Eines der aktuellen Projekte des DLR ist die sogenannte Dawn-Mission zur Erforschung von Vesta, einem Asteroiden, und Ceres, einem Zwergplaneten. Dieses Projekt wird vom Jet Propulsion Laboratory, das zur NASA gehört, geleitet. Das Kamerasystem des Raumschiffs wurde mit Hilfe des Max-Planck-Instituts für Solarsystemforschung in Kaltenburg-Lindau und erheblicher Unterstützung durch das DLR, das Institut für Planetenforschung in Berlin und das Institut für Datentechnik und Kommunikationsnetze in Braunschweig entwickelt.

Im September 2007 trat die Raumsonde in die Umlaufbahn von Vesta ein und umkreiste den Asteroiden über ein Jahr, um dann Kurs auf Ceres zu nehmen, den sie planmäßig im Februar 2015 erreichen soll. Die Erforschung dieser beiden Körper soll uns viel über die ersten Millionen Jahre unseres Sonnensystems verraten. Angesichts der relativ jungen Geschichte unseres Sonnensystems handelt es sich bei diesen beiden um ältere Herrschaften, die Zeuge wurden, wie unser Sonnensystem und die Erde entstanden.

Ceres und Vesta sind allein schon deshalb so interessant für die Forschung, weil sie zu den größten protoplanetaren Körpern zählen. Ceres ist aus geologischer Sicht ein sehr primitiver und eisiger Körper, während Vesta steiniges Gelände hat. Die Unterschiede zwischen beiden rühren vermutlich daher, dass sie in unterschiedlichen Regionen des frühen Sonnensystems entstanden sind.

Ceres' Masse umfasst etwa ein Drittel der Gesamtmasse aller Körper des Asteroidengürtels. Seine spektralen Eigenschaften legen den Schluss nahe, dass seine Zusammensetzung dem eines wasserreichen Meteoriten ähnelt. Vesta ist ein kleinerer, wasserarmer Asteroid und gekennzeichnet sowohl durch extreme Hitze als auch große Temperaturschwankungen. Vermutlich besitzt er einen Kern aus Metall, eine Dichte ähnlich der des Mars, während die Basaltvorkommen eher dem Mond entsprechen. Vesta ist der Ursprung vieler kleinerer Objekte des Sonnensystems. Die meisten (aber nicht alle) Asteroiden des V-Typs nahe der Erde sowie einige äußere Asteroiden des Hauptgürtels sind Vesta in spektraler Hinsicht sehr ähnlich und werden deshalb als Vestoiden bezeichnet. Fünf Prozent der auf der Erde gefunden Meteoritenreste können von einer oder mehreren Kollisionen mit Vesta stammen.

In dem Jahr, in dem Dawn um Vesta kreiste, konnten die DLR-Forscher die gesamte Oberfläche messen und kartographieren. Die deutsche Kamera an Bord der Raumsonde machte über 28 000 Bilder.

Der deutsche Wald

Deutschland zählt mit rund elf Millionen Hektar Waldfläche zu den am dichtesten bewaldeten Ländern Europas – etwa ein Drittel seiner Gesamtfläche besteht aus Wald. Doch nicht jedes Bundesland weist gleich viel Waldfläche auf. In Schleswig-Holstein sind es nur zehn Prozent, Spitzenreiter sind Rheinland-Pfalz und Hessen mit über vierzig Prozent. In den vergangenen vierzig Jahren ist durch Aufforstung im gesamten Bundesgebiet etwa eine Million Hektar Waldfläche dazugekommen.

Nach Jahrhunderten der ungezügelten Abholzung – insbesondere aufgrund der zwei Weltkriege – zählt Deutschland mittlerweile zu den Ländern Europas mit den meisten Waldflächen, was nicht zuletzt auf die nachhaltige Forstwirtschaft und den Umweltschutz zurückzuführen ist.

Die heutige Flächenaufteilung Deutschlands in Wälder, landwirtschaftlich betriebene Flächen, Verkehrsflächen und Wohngebiete ist die Folge menschlicher Eingriffe vieler Jahrhunderte. Die historische Waldentwicklung erklärt, weshalb die Wälder Deutschlands zu sechzig Prozent aus Nadelbäumen und zu vierzig Prozent aus Laubbäumen bestehen. In den letzten Jahrzehnten wurde mehr Wert auf Aufforstung mit Baumarten gelegt, die zu den jeweiligen Bodenverhältnissen passen. Der Versuch, weniger in die natürliche Verbreitung der unterschiedlichen Baumarten einzugreifen, war von Erfolg gekrönt. Heutzutage setzen sich die deutschen Wälder überwiegend aus folgenden Baumarten zusammen:

- Fichte: 28 Prozent
- Kiefer: 23 Prozent
- Buche: 15 Prozent
- Eiche: 10 Prozent

Die Wälder Deutschlands befinden sich nicht nur in Privatbesitz, sondern auch im Besitz der Kommunen und der Länder. Die Verteilung sieht folgendermaßen aus:

- Privatbesitz: 44,0 Prozent
- Länder: 30,0 Prozent
- Kommunen: 20,0 Prozent
- Treuhandvermögen: 3,0 Prozent
- Bund: 3,0 Prozent

Und der Anteil an Waldflächen in den Ländern:

- Hessen: 42 Prozent
- Rheinland-Pfalz: 42 Prozent
- Baden-Württemberg: 38 Prozent
- Saarland: 38 Prozent
- Bayern: 36 Prozent
- Brandenburg und Berlin: 35 Prozent

- Thüringen: 32 Prozent
- Nordrhein-Westfalen: 26 Prozent
- Sachsen: 28 Prozent
- Niedersachsen, Hamburg und Bremen: 24 Prozent
- Sachsen-Anhalt: 24 Prozent
- Mecklenburg-Vorpommern: 23 Prozent
- Schleswig-Holstein: 10 Prozent

Obwohl Rohstoffe in Deutschland eher Mangelware sind, verfügt das Land über die größten Holzvorkommen Europas – mit wachsender Tendenz. Die ökologische Waldnutzung leistet einen erheblichen Beitrag zur Sicherung der Zukunft Deutschlands. Holz dient natürlich auch als Brennstoff und erfreut sich dank stetig steigender Energiekosten und der Nachfrage nach CO_2-neutralen Rohstoffen wachsender Nachfrage.

Deutschlands Wälder sind aber auch Naturschutz- und Erholungsgebiete – gerade in einem so dichtbevölkerten Industrieland kommt den Wäldern hier eine entscheidende Rolle zu. Die Wälder bieten den großen Haarwildarten (Rehwild, Rotwild, Damwild und Schwarzwild) sichere Habitate, im natürlichen Ökosystem Wald leben aber noch viele andere Tierarten wie seltene Vögel, Fledermäuse, Amphibien und Reptilien. Viele Insektenspezies und im Erdreich lebende Organismen treffen hier auf Lebensbedingungen, die man aufgrund der intensiven Bewirtschaftung andernorts kaum noch findet. Nicht zu vergessen, dass der Wald auch Heimat für bedrohte Pflanzenarten ist. Dies gilt vor allem für die Spezies, die auf einen nährstoffarmen Boden angewiesen sind, der nicht mit Mineraldünger behandelt wurde.

Aufgabe der deutschen Forstwirtschaft ist es, schonend in dieses Ökosystem einzugreifen, zugleich aber effizient Holz zu produzieren, die biologischen Voraussetzungen für ein gesundes Waldwachstum zu schaffen und für eine nachhaltige Nutzung der Waldbestände durch den Menschen zu sorgen. Die Forstwirtschaft in Deutschland verzichtet folglich auf Pestizide und Dünger, aber auch auf Kahlschlag.

In Deutschland existiert hauptsächlich der sogenannte Überhaltbetrieb bei der Waldbewirtschaftung. Die Regeneration der Bestände erfolgt am Ende einer längeren Produktionsphase (je nach Baumart kann diese zwischen achtzig und dreihundert Jahre dauern). Mischwälder (unterschiedliche Baumarten unterschiedlichen Alters) sind der natürliche Wald, da dort Bäume unterschiedlicher Altersklassen Stamm an Stamm stehen. Die Regeneration erfolgt kontinuierlich, das Fällen der Bäume unterliegt strengen Auswahlkriterien und erfolgt zum Teil gruppenweise. Somit ist eine Regeneration des Waldes an diesen Lichtungen bereits im Gang oder wird ermöglicht.

Relativ selten sind Buschwälder und Buschwälder mit dem üblichen Baumbestand gemischt, die aber sowohl aus historischer als auch aus ökologischer Sicht durchaus interessant sind. Die Grundlage eines Buschwalds ist die Regeneration des Bestands in Intervallen von einigen Jahrzehnten anhand von Buschwald und Wurzelschösslingen. Diese Art der Waldbewirtschaftung war vor allem im Mittelalter weitverbreitet und diente hauptsächlich der Nachfrage der Gerbereien und der Brennholzgewinnung.

Der Jahresumsatz der Forstindustrie liegt bei fünf Milliarden Euro. Die holzverarbeitenden Betriebe spielen eine nicht unerhebliche Rolle für die regionale ökonomische Struktur und sichern Arbeitsplätze, da es sich meist um Kleinbetriebe oder mittelständische Unternehmen handelt, die überwiegend in ländlichen Gebieten angesiedelt sind. Nicht nur im europäischen Vergleich, sondern weltweit zählt Deutschland zu den »Holzländern«. Das gilt nicht nur für die Produktion, sondern auch für den Export von Holz und Holzprodukten. Deutschland ist in der Lage, die Nachfrage nach Holz und Holzprodukten überwiegend aus den eigenen Beständen zu befriedigen.

Und hier noch die Hitliste der europäischen Länder mit dem größten Waldanteil an ihren Gesamtflächen:

Rang in Europa	Land	Rang weltweit	Waldanteil
1	Finnland	12	74,0%
2	Schweden	18	67,1%
3	Slowenien	23	63,3%
4	Estland	36	54,3%
5	Russland	44	49,4%
6	Lettland	49	47,6%
7	Österreich	52	47,0%
8	Montenegro	56	46,5%
9	Liechtenstein	65	43,1%
10	Bosnien-Herzegowina	66	42,7%
11	Portugal	67	42,2%
12	Slowakei	69	40,2%
13	Georgien	70	39,7%
14	Kroatien	71	39,6%
15	Weißrussland	73	39,0%
16	Spanien	78	37,1%
17	Mazedonien	83	35,6%
18	Italien	86	34,6%
19	Tschechische Republik	87	34,3%

Rang in Europa	Land	Rang weltweit	Waldanteil
20	Bulgarien	88	34,3%
21	Andorra	90	34,0%
22	Litauen	91	34,0%
23	Luxemburg	93	33,5%
24	Deutschland	100	31,8%
25	Norwegen	104	31,0%
26	Schweiz	105	30,7%
27	Polen	106	30,4%
28	Griechenland	107	29,6%
29	Albanien	108	29,3%
30	Frankreich	111	28,5%
31	Rumänien	118	27,7%
32	Serbien	126	23,6%
33	Ungarn	130	22,4%
34	Belgien	131	22,0%
35	Zypern	143	18,9%
36	Ukraine	146	16,6%
37	Türkei	151	13,3%
38	Dänemark	156	11,9%
39	Großbritannien	157	11,8%
40	Aserbaidschan	158	11,3%

Rang in Europa	Land	Rang weltweit	Waldanteil
41	Niederlande	161	10,9%
42	Irland	163	10,1%
43	Moldawien	164	10,0%
44	Marokko	165	9,8%
45	Armenien	166	9,7%
46	Insel Man	180	6,1%
47	Kanalinseln	185	4,2%
48	San Marino	199	1,7%
49	Kasachstan	203	1,2%
50	Malta	208	0,9%
51	Island	210	0,5%
52	Färöer Inseln	216	0,1%
53	Gibraltar	221	0,0%
54	Vatikan-Stadt	225	0,0%
55	Monaco	227	0,0%

Neues in Sachen Wildschweine

Die Wildschweinbestände, die im 20. Jahrhundert aus den meisten Wäldern Deutschlands verschwunden waren und als bedrohte Spezies galten, nehmen mittlerweile mit rasanter Geschwindigkeit zu. In ganz Deutschland leben mittlerweile Millionen dieses Borstenviehs.

Wissenschaftler sind davon überzeugt, dass sich die Wildschweine in Deutschland aus zwei Gründen so stark vermehren können: der verstärkte Anbau von Mais und die milden Winter. Je wärmer ein Winter, desto mehr Kastanien, Eicheln und anderes Futter finden die Tiere, was sich auf die Würfe auswirkt. Acht oder neun Ferkel pro Wurf sind dann keine Seltenheit. Deutschlands Jäger schossen vergangenes Jahr etwa eine halbe Million Wildschweine, um die Population stabil zu halten.

Für die Fans von Wildschweinbraten mit Rotkraut und Klößen dürften dies gute Nachrichten sein, doch ein vermehrter Wildschweinbestand heißt im Klartext auch, dass es wieder mehr radioaktiv verseuchte Tiere gibt – eine der Spätfolgen von Tschernobyl. Zwar ist das Reaktorunglück mittlerweile über fünfundzwanzig Jahre her, aber die Kontaminierung der Umwelt geht weiter. Wildschweine sind deshalb davon betroffen, weil sie radioaktive Pilze und Trüffel fressen. Zwar besteht keine Gefahr, dass das Wildschweinsteak, das auf den Teller kommt, im Dunkeln leuchtet, aber radioaktiv belastet ist es mit Sicherheit.

Der Verkauf von Fleisch mit einem hohen Gehalt des radioaktiven Caesium-137 ist verboten – übersteigt dieser Wert 600 Becquerel pro Kilogramm, muss es vernichtet werden –, doch in manchen Gegenden, vor allem in Süddeutschland, ist Wildschweinfleisch weitaus stärker belastet. Jäger, die nicht für den Verzehr geeignetes Wildschwein schießen, erhalten eine Aufwandsentschädigung vom Staat. Im Jahr 2009 beliefen sich die Gesamtausgaben dafür auf 400 000 Euro.

Da es mittlerweile immer mehr Wildschweine gibt, die durch die deutschen Wälder streichen und teilweise sogar bis in die Vorstädte vordringen, erhöht sich die Chance, beim morgendlichen Jogginglauf auf eines zu stoßen. Die Frage ist, was tun Sie in einer solchen Situation? Diese Tiere wiegen an die neunzig Kilogramm und werden bis zu fünfzig Stundenkilometer schnell – viel schneller als jeder Mensch. Mein Rat lautet deshalb, provozieren Sie das Borstenvieh nicht und vermeiden Sie es, seinen Weg zu kreuzen. Vor allem Muttertiere mit Frischlingen können sehr aggressiv werden und mit ihren Hauern ganz schönen Schaden anrichten. Gehen Sie ihnen besser aus dem Weg. Schließlich gilt hier das Motto: »Der Stärkere hat recht«.

Literatur, Musik und Film

Dieselben Wörter, aber eine ganz andere Bedeutung

Die deutsche und die englische Sprache haben vieles gemein, sowohl was ihren Ursprung anbelangt als auch dass sie keine Hemmungen haben, bestimmte Begriffe eins zu eins zu übernehmen – und das seit Hunderten von Jahren. Im Englischen gibt es die deutschen Lehnwörter wie angst, gemütlich, kindergarten, masochismus, zeitgeist und schadenfreude – dafür gibt es keine englische Entsprechung. In der jüngsten Zeit hat sich Englisch zur alles beherrschenden Weltsprache in den Wissenschaften und in der Technik entwickelt (Bereiche, in denen früher überwiegend Deutsch gesprochen und geschrieben wurde), und nicht zu vergessen: auch in der Geschäftswelt wird überwiegend auf Englisch kommuniziert. Weit mehr als jede andere europäische Sprache hat das Deutsche englische Begriffe übernommen.

Anders als die Franzosen, die große Angst vor einer Entfremdung ihrer Muttersprache haben, sehen nur wenige Deutsche Englisch als Bedrohung für die

deutsche Sprache an, was umso erstaunlicher ist, da
es mitunter zu einem geradezu exzessiven Gebrauch
englischer Begriffe oder Floskeln kommt – man
denke nur an die Slogans der deutschen Werbung.
Ganz zu schweigen von den Versuchen, englische Begriffe der deutschen Grammatik unterzuordnen.
Oder auch an die Bildung von scheinbar englischen
Begriffen, die es im Englischen entweder überhaupt
nicht gibt wie das Handy, der Smoking oder der Part-
nerlook.

Ich habe eine ganze Reihe von Wörtern entdeckt,
die zwar im Deutschen genauso geschrieben werden
wie im Englischen, aber eine völlig andere Bedeutung haben:

Wort samt Bedeutung im deutschen Sprachraum	Bedeutung im englischen Sprachraum
Angel	Engel
Art	Kunst
Bad	schlecht, schlimm
bald	kahl, glatzköpfig
Boot	Stiefel
Brief	kurz
Dank	nasskalt
dick	Kurzform von Richard; umgangs-sprachlich für Penis

Wort samt Bedeutung im deutschen Sprachraum	Bedeutung im englischen Sprachraum
fast	schnell
Gift	Geschenk
Glut	Überfluss
Grab	greifen
Gut	Darm, Bauch
Hall	Halle
Handy	praktisch, handlich
Hut	Hütte
Jammer	Störsender
Kind	nett, großzügig
Kipper	Räucherfisch
Lack	Mangel
Last	letzte / r / s
Lied	gelegen
links	Plural von »link«, Verbindungen
List	Aufzählung, Liste
Lot	ein Los (bestimmte Menge)
Lunge	Ausfallschritt
Lurch	taumeln, torkeln
Made	gemacht

Wort samt Bedeutung im deutschen Sprachraum	Bedeutung im englischen Sprachraum
Mark	Zeichen, Abdruck
Maul	zerfleischen, zerreißen
Mist	leichter Nebel
mitten	Handschuh
Most	die meisten
Mutter	murmeln, flüstern
Not	keineswegs, nicht
Qualm	Skrupel, Bedenken
Rat	Ratte
Rind	(meist harte) Rinde, zum Beispiel Käserinde
Rock	Stein, sich wiegen, schaukeln
Sage	Weiser
Same	identisch, gleich
See	sehen
Sold	verkaufte / n
stark	blank, grimmig, rau
Stern	streng, ernst
Stock	Aktie, Firmenanteil
Talk	sprechen

Wort samt Bedeutung im deutschen Sprachraum	Bedeutung im englischen Sprachraum
Tee	T-Eisen
toll	Maut
tot	Kleinkind
Tote	etwas tragen
Trunk	Rüssel
Welt	Beule, Striemen
leg (Imperativ)	Bein
such (Imperativ)	solch
(er / sie / es) war	Krieg
(er / sie / es) bat	Fledermaus; Schläger
(er / sie / es) hat	Hut
(er / sie / es) log	Baumstamm

Stars singen auf Deutsch

Die Modeerscheinung englischsprachiger Künstler, ihre Hits in unterschiedlichen europäischen Sprachen aufzuzeichnen, erreichte Mitte der sechziger Jahre ihren Höhepunkt. Da in Deutschland damals die meisten Platten verkauft wurden, wurden vor allem deutsche Versionen vertont. Deutschland konnte sich also an deutschen Texten so mancher Stars erfreuen (oder auch nicht) – hier eine Auswahl:

- Gene Pitney – »Bleibe bei mir«
  (*Town Without Pity,* 1961)
- Connie Francis – »Schöner fremder Mann«
  (*Someone Else's Boy,* 1961)
- Peter, Paul and Mary – »Die Antwort weiß ganz
  allein der Wind« (*Blowin' In The Wind,* 1962)
- Roy Orbison – »Mama«(*Mama,* 1963)
- Willie Nelson – »Little Darling«
  (*Pretty Paper,* 1964)
- Millie – »My Boy Lollipop«
  (*My Boy Lollipop,* 1964)
- The Honeycombs – »Hab' ich das Recht«
  (*Have I The Right,* 1964)
- The Beach Boys – »Ganz allein«
  (*In My Room,* 1965)
- Olivia Newton-John   »Unten am Fluß, der Ohio
  heißt«(*On The Banks Of The Ohio,* 1972).

Manche Künstler beließen es bei einigen wenigen
Songs, oft auf der B-Seite ihrer Singles (wie zum
Beispiel The Supremes mit ihrer deutschen Version
»Where Did Our Love Go« des englischsprachigen
Songs »Moonlight And Kisses«, beides auf ein und
derselben Single). Andere Stars machten sich die
deutschen Versionen zur Gewohnheit, wie zum Bei-
spiel die britischen Sänger Petula Clark, Sandie Shaw,
Peter & Gordon und Connie Francis, die sogar einige
Songs ausschließlich auf Deutsch aufnahm.

Viele dieser Künstler beherrschten aber die deutsche Sprache nicht und hatten logischerweise auch keine Ahnung von der deutschen Aussprache. Besonders schlecht waren Millie, The Searchers, The Temptations und Dionne Warwick. Andere Stars wie The Supremes, The Beach Boys, Roy Orbison, Willie Nelson, Dusty Springfield, Sandie Shaw, Connie Francis, Brian Hyland, The Honeycombs oder Manfred Mann bemühten sich wenigstens. Und wieder andere konnten Deutsch oder lernten zumindest die korrekte Aussprache. Klassenbeste in dieser Disziplin waren The New Christy Minstrels, Peter Paul & Mary, Olivia Newton-John (ihre Mutter war Deutsche, die Tochter des Physik-Nobelpreisträgers Max Born) und ABBA.

Die meisten Übersetzungen orientierten sich stark am Originaltext, doch es gab manche, die rein gar nichts mehr mit dem ursprünglichen Text zu tun hatten, sondern ein ganz anderes Thema aufgriffen. Aus Sandie Shaws »Puppet On A String« (auf Deutsch: Marionette an der Strippe) wurde »Wiedehopf im Mai«. Besser noch Donny Osmond, dessen Song »Go Away, Little Girl« (auf Deutsch: »Geh weg, kleines Mädchen«) das genaue Gegenteil wurde: »Bleib' bei mir«.

▶ Barry Ryan – Zeit macht nur vor dem Teufel halt
   (1971)

Barry Ryan wurde wohl vor allem wegen seines ziemlich verrückten Hits »Eloise« bekannt und war in West-Deutschland mal mehr, mal weniger erfolgreich. Dort nahm er 1971 auch sein ziemlich gutes Album *Sanctus* auf. Ein Jahr später war er mit dem eingängigen Song »Zeit macht nur vor dem Teufel halt« sogar unter den Top Ten. Die Melodie stammt von seinem Bruder Paul Ryan und wurde auch von der irischen Sängerin Dana für ihren Song »Today« verwendet. Die Texte stammen aus der Feder von Miriam Frances. Barry Ryan hatte sogar einen Auftritt in der einzigen Musiksendung des ZDF, der Hitparade, mit seinem Song »Zeit macht nur vor dem Teufel halt«. Meines Wissens war es das erste Mal, dass ein internationaler Rockstar dort Gast war.

▶ Lynn Anderson – Ich hab' einen Boy in Germany
   (1968)

Einige Jahre vor ihrem Riesenerfolg in West-Deutschland mit »Rose Garden«, nahm Lynn Anderson eine ziemlich grauenhafte Nummer darüber auf, ob und wie eine Fernbeziehung zwischen Tennessee und Deutschland funktionieren kann. Das deutsche Original stammt aus der Feder von Herbert Falk und Helmut Flohr.

▶ David Bowie – Helden (1977)

Als Bowie »Heroes« aufnahm, lag seine Phase als Ziggy Stardust schon längst hinter ihm. In seiner Berlin-Periode verschmolz er die Kultur der Kabaretts der Weimarer Republik, Krautrock und Kraftwerk mit der örtlichen Junkieszene. An sich eine nette Idee, dass David Bowie der Stadt, die ihm als Muse diente, durch einen deutschen Song Tribut zollen wollte, aber als kleinkarierter Geist fragt man sich schon, ob er nicht noch etwas mehr an seiner Aussprache hätte feilen können.

▶ Chubby Checker – Der Twist Beginnt (1962)

Dieser Chubby hat sich mit der Übersetzung keine Mühe gegeben. Er klingt wie ein Wehrmachtssoldat in einem Film aus den sechziger Jahren und bedient wirklich jedes Klischee. Allein wie er das bestätigende Wort »Ja« ausspricht! Das Pendant im Englischen wäre: »Ve hef vays of making you twist«. Doch wenigstens der Backing-Track ist neu, so dass er dann wieder eine gutgemachte Coverversion des Originals von Checker ist. Er hat ganz schön viele Songs in deutscher Sprache aufgenommen, darunter auch Titel wie »Twist doch mal mit mir«, »Autobahn-Baby«, »Holla Hi Holla Ho« und »Troola-Troola-Troola-La«.

▶ The Beatles – Komm, gib' mir Deine Hand (1964),
   Sie liebt Dich (1964)

Die Pilzköpfe nahmen ihr erstes Album in Deutschland auf. Sie waren die Hintergrundsänger für Tony Sheridans Langspielplatte, die Bert Kaempfert produziert hatte. Von ihnen sind aber auch die Songs »Ain't She Sweet« und »My Bonnie« und die instrumentale Eigenkomposition »Cry For A Shadow«, für das George Harrison und John Lennon den Text schreiben sollten (was ursprünglich als Parodie von The Shadows gedacht war). Keine Frage, in St. Pauli wurden die Jungs richtig erwachsen. Trotzdem erweckten sie nicht den Eindruck inniger Zuneigung und Verbindung mit dem Land, in dem sie ihren internationalen Durchbruch hatten. Ganz im Gegenteil, sie begnugten sich 1966 mit einer Minitour durch drei Städte – München, Essen und Hamburg (mit der typisch teutonischen Subtilität bezeichnete sie der Sponsor, das Jugendmagazin *Bravo*, als »Blitztour«). Doch die Beatles wollten keinen ihrer Songs in deutscher oder einer anderen Sprache – außer Englisch – aufnehmen.

Die Idee, das trotzdem zu tun, stammte von der deutschen Plattenfirma Odeon, die der Ansicht waren, dass sich Singles in deutscher Sprache viel besser verkaufen würden als die Originalversionen. Doch die Beatles verweigerten sich dieser Aufforderung und ließen den vereinbarten Aufnahmetermin im

Tonstudio EMI Pathé Marconi in Paris am 28. Januar 1964 platzen. Der strenge George Martin (der die Idee selbst für schwachsinnig hielt) musste seine Müßiggänger erst an ihre beruflichen Pflichten erinnern. Anscheinend mit Erfolg, denn am Tag darauf liefen die Beatles im Studio ein. »Komm gib mir Deine Hand« war schnell auf den Backing-Track aus London aufgenommen, doch die Instrumentation der deutschen Version von »She Loves You« musste erneut aufgenommen werden, da das Band mit der Originalaufnahme verlorengegangen war. Die Aufnahmen dauerten sage und schreibe vierzehn Tage. Sobald sie damit fertig waren, fingen die Beatles mit den Aufnahmen des neuen Songs »Can't Buy Me Love« von Paul an.

▶ Dusty Springfield – Auf Dich nur wart' ich immerzu (1964)

Wie ihre Kolleginnen Petula Clark und Sandie Shaw brachte auch Dusty Springfield eine ordentliche Anzahl an deutschen Platten heraus. »Auf Dich nur wart' ich immerzu« war ihre deutsche Version von »I Only Want To Be With You«, die im Juli 1964 als Single auf den Markt kam. Auf der B-Seite war die deutsche Fassung von »Wishin' and Hopin'« zu hören. Wie viele andere Songs, die vom Englischen ins Deutsche transkribiert wurden, war auch dieser Song kein Erfolg. Deutsche Übersetzungen englischer Popsongs kamen bei den Plattenkäufern einfach nicht gut an. Ich glaube, dass es zwei Gründe dafür gibt. Zum ersten klingt Pop einfach besser auf Englisch, noch dazu wenn es von einem englischen Muttersprachler gesungen wird, und zum zweiten ist der deutsche Zuhörer durchaus in der Lage, zwischen dem harten Akzent eines Gilbert Bécaud, der den Text interpretiert, und einem englischsprachigen Künstler zu unterscheiden, der keine Ahnung hat, was er da eigentlich singt und wie es ausgesprochen wird.

▶ Marvin Gaye – Wie schön das ist (1964), Sympatica (1964)

Motown ließ seine Stars unterschiedliche Versionen ihrer Tophits auf Spanisch, Italienisch, Französisch und Deutsch singen, darunter auch die deutschen Coversongs der Supremes und Temptations. Auch Marvin zog mit seiner Aufnahme von »How Sweet It Is (To Be Loved By You)« nach. Der Text der Lieder wurde üblicherweise in Lautschrift aufgeschrieben, damit ihn der Sänger nur noch »ablesen« musste. Die meisten internationalen Stars gaben sich mit der korrekten Aussprache der deutschen Texte keine besondere Mühe. Ich weiß nicht, ob Marvin Gaye ein Sprachtalent war oder ob es ihm einfach nur wichtig war, aber er war um einiges besser als seine Kollegen und Kolleginnen. »Wie schön das ist« war auf der B-Seite eines Songs, den Gaye ausschließlich auf Deutsch aufgenommen hatte, und zwar »Sympatica«, der von den Schlagerkomponisten Jonny Bartels (bitte nicht mit dem Sänger Johnny Bartel verwechseln) und Kurt Feltz geschrieben wurde.

▶ Johnny Cash – Viel zu spät (1959), Wo ist zu Hause (1959), Wer kennt den Weg (1965)

Bereits 1959 hatte Cash zwei deutsche Fassungen seiner Songs aufgenommen, doch beide kamen erst 1978 auf den Markt. Aus dem Original »I Got Stripes«, einer Ballade über einen Mord, wurde »Viel zu spät«, aus »Five Feet High and Rising« wurde »Wo ist Zuhause, Mama«. Beide Songs sollten eigentlich als Single erscheinen, aber ich finde nichts darüber, wann sie letztlich auf den Markt kamen. Cashs Beziehung zu Deutschland reicht bis in die fünfziger Jahre zurück, als er als GI in Bayern stationiert war (dort hatte ein bayerisches Mädel sein Hörvermögen beschädigt, als sie ihm einen Bleistift ins Ohr steckte), allerdings war Cash damals auf die Idee gekommen, mit der Musik seinen Lebensunterhalt zu bestreiten. Seine 1965 erschienene deutsche Version von »I Walk The Line« stellt allerdings – das kann man einfach nicht anders sagen – eine Vergewaltigung der deutschen Sprache dar.

▶ Sandie Shaw – Einmal glücklich sein wie die Andern
  (1965)

Wie ihre Kolleginnen Petula Clark und Dusty Spring-field, die allerdings etwas zurückhaltender war, nahm auch Sandie Shaw viele ihrer Songs nochmals auf Deutsch (und Französisch) auf, so auch ihre epische Version von Bacharach/Davids »Always Something There To Remind Me« unter dem Titel »Einmal glücklich sein wie die Andern«. Diese Aufnahme von 1965 klingt, als ob Sandie wüsste, wovon sie da singt. Sie bemüht sich redlich (obwohl man am Ende des Stücks glauben möchte, sie hätte sich ein bisschen zu viel zugemutet), und ihre Aussprache hat einen bezaubernden Akzent. Mehr erwarteten die deutschen Fans auch gar nicht.

▶ The Supremes – Baby, Baby, wo ist unsere Liebe
  (1964) und The Temptations – Mein Girl (1964)

Berry Gordy hatte ein untrügliches Gespür, wenn sich auf dem Markt Chancen auftaten. Aus diesem Grund sorgte er dafür, dass die ganzen Stars von Motown ihre Songs in mehreren europäischen Sprachen aufnahmen, offensichtlich aber auch dann, wenn sie keine Ahnung von der jeweiligen Sprache und vor allem Aussprache hatten. Diana Ross hat sich mal ganz spielerisch an deutschen Texten versucht; jetzt ist klar, weshalb sie ihren Geliebten anfleht, sie nicht zu verlassen. Die Temptations nehmen sprachliche Konventionen hingegen ganz entspannt und setzen darauf, dass die Deutschen eigentlich immer englische Begriffe in ihre Gespräche einfließen lassen.

▶ **Millie – My Boy Lollipop (German) (1964)**

Millie (die auf Deutsch noch mehr nach Streifenhörnchen klingt) hat nicht einmal versucht, den Refrain – sweet as candy / sugar dandy – ins Deutsche zu übersetzen. »Du bist so süß wie Süßigkeiten / Du bist mein Zuckerbursche« klingt ja auch ganz schön schräg im Deutschen. Vergessen wir es einfach.

▶ **Agnetha – Geh' mit Gott (1972), Señor Gonzales (1968), Mein schönster Tag (1968)**

Bevor Agnetha Fältskog eines der »A« von ABBA wurde, hatte sie wie zahlreiche andere skandinavische Sänger auch versucht, ihren Traum vom Erfolg in der Musikbranche – genauer gesagt: in der deutschen Schlagerszene – zu verwirklichen. Agnetha veröffentlichte zwischen 1968 und 1972 mehrere deutsche Songs, und ein paar waren sogar ganz gut. »Geh' mit Gott« erschien passenderweise gegen Ende ihrer fruchtlosen Karriere als Schlagerstar. Dabei handelte es sich um die deutsche Fassung von Ennio Morricones Song »Here's To You« (gesungen von Joan Baez) aus dem Film *Sacco e Vanzetti* von 1971 (über zwei italienische Einwanderer, die wegen eines

Verbrechens, das sie aber gar nicht begangen hatten, in die USA flüchteten). Vier Jahre zuvor war Agnethas zweite deutsche Single »Señor Gonzales« erschienen. Ich frage mich heute noch, weshalb das kein Erfolg wurde. Der Song hat alles, was ein Schlager braucht: einen klischeehaften Text und eine banale Melodie, nicht einmal der vorgetäuschte mexikanische Sound, auf den das deutsche Publikum so scharf war, hat gefehlt – obwohl Agnetha damit ihrer Zeit noch ein bisschen voraus war: Die mexikanische Schlagerwelle erreichte 1972 mit Rex Gildo und seinem Kassenschlager »Fiesta Mexicana« ihren Höhepunkt. Die B-Seite von »Señor Gonzales« gefällt mir viel besser. »Mein schönster Tag« ist eine Countryballade, die unsere Agnetha wirklich draufhat; und es ist eine Coverversion eines Countrysongs.

(Aus: *Any Major Dude With Half A Heart*)

Musik, Bühne und Film in Nazideutschland

Die Unterhaltungsmusik in Nazideutschland spiegelte die Angst der Partei vor »Entartung« ebenso wider wie die Kunst. Andererseits drückten diese Lieder aber auch den nationalen Optimismus und den neuentstandenen Tatendrang aus, was sich in rührseligen Zeilen wie »Ich weiß, eines Tages wird ein Wunder gescheh'n« und »Es geht alles vorüber, es geht alles vorbei« zeigt, die in einer Linie mit Goebbels' Propagandastrategie waren, das deutsche Volk mit Hilfe von Film und Musik vom Kriegsgeschehen abzulenken.

Die Karriere so manches Künstlers endete mit der Machtergreifung der Nazis. Marlene Dietrich (1901–1992), deren Lied »Ich bin die fesche Lola« aus dem Film »Der Blaue Engel« von 1929 stammt, startete ihre Karriere in Hollywood, noch bevor Hitler an die Macht kam. Im Nachkriegsdeutschland galt die Dietrich lange Zeit als Landesverräterin, da sie sich unumwunden auf die Seite der Alliierten gestellt hatte.

Das Sextett Comedian Harmonists schuf vor der Nazizeit viele Lieder, die auch heute noch zu den Klassikern Deutschlands zählen (wie »Veronika, der Lenz ist da«, »Wochenend und Sonnenschein«, »Ein Freund, ein guter Freund«, »Mein kleiner grüner Kaktus«). Etwa die Hälfte der ersten deutschen Boy Group war jüdischen Glaubens, weshalb die Gruppe nach der Machtergreifung der Nazis Schwierigkeiten bekam. Den Comedian Harmonists wurden 1934 sämtliche Auftritte in Deutschland verboten; nach einem Jahr Auslandstourneen trennten sie sich. Die drei jüdischen Mitglieder emigrierten und gründeten unter demselben Namen eine neue Band, während aus den drei arischen Mitgliedern das Meistersextett wurde.

Richard Tauber (1891–1948), der österreichische Tenor – über den Tom Waits einmal in einem Blues gesungen hat –, war der Sohn eines jüdischen Opernintendanten, der zum Katholizismus konvertiert war. Sein Vater hatte gehofft, sein Sohn würde sich für das Priesteramt entscheiden. Doch Richard zog die Bühne der Kanzel vor und sang viele Opern und Operetten. Als er in Deutschland bereits ein großer Star war, wurde er von einem SA-Trupp übel zusammengeschlagen, wohl wegen seiner jüdischen Herkunft. Daraufhin ging er nach Österreich. Doch nach dessen Annektierung musste er auch sein Heimatland verlassen, wurde schließlich britischer Staatsbürger und starb mit 57 in London.

Ich möchte Ihnen das tragische Schicksal des Joseph Schmidt (1904–1942) nicht vorenthalten. Der jüdische Tenor war einer der ersten Künstler, die von den Nazis gezwungen wurden, Deutschland zu verlassen. Wenige Monate nach der Premiere seines Films »Ein Lied geht um die Welt« im Mai 1933, floh Schmidt vor dem Nationalsozialismus zunächst nach Wien, nach dessen »Anschluss« nach Belgien, doch auch hier kam es zu einer Invasion der Deutschen, weshalb er dann nach Frankreich ging. Nach der Besatzung Frankreichs zog es ihn in die neutrale Schweiz, wo er im September 1942 ankam. Diese ständige Flucht hatte Schmidt geschwächt, weshalb er in Zürich auf offener Straße zusammenbrach. Er wurde als illegaler Flüchtling identifiziert, da die Schweiz Juden nicht als politische Flüchtlinge anerkannte, und in das Internierungslager Girenbad gebracht, wo sein Antrag auf Aufenthaltsgenehmigung bearbeitet werden sollte. Während seines Aufenthalts erkrankte er und wurde zur Behandlung seiner Halsentzündung in ein Krankenhaus eingewiesen. Doch sein Hinweis auf starke Schmerzen in der Brust wurde von den Ärzten ignoriert, und er musste wieder zurück ins Auffanglager Girenbad. Zwei Tage später, am 16. November, starb er an Herzversagen. Einen Tag nach seinem Tod lag seine Aufenthaltsgenehmigung vor.

Nicht weniger dramatisch ist die Geschichte von Renate Müller (1906–1937). Müller war eine Schauspielerin (sie hatte 1933 in dem Film »Viktor und Viktoria« mitgespielt, der von den Nazis verboten und 1980 in Großbritannien unter dem Namen »Victor/Victoria« neu verfilmt wurde). Nachdem Marlene Dietrich bereits nach Amerika ausgewandert war, bat Adolf Hitler die wunderschöne und durch und durch arische Müller, an Propagandafilmen der Nazis mitzuwirken. Doch sie weigerte sich und gab auch dem Druck nicht nach, sich von ihrem jüdischen Geliebten zu trennen. Ihren plötzlichen Tod im Alter von 31 Jahren 1937 schrieb man offiziell ihrer Epilepsie zu, doch in Wahrheit war sie aus dem Fenster gestürzt. Es könnte Selbstmord gewesen sein, aber es gab Zeugen, die Gestapo-Offiziere kurz zuvor beim Betreten des Gebäudes gesehen hatten …

Die gebürtige Polin Pola Negri (1897–1987), Schauspielerin, berühmte Femme fatale aus Hollywoods Stummfilmzeit und ehemalige Geliebte von Rudolfo Valentino und Charlie Chaplin war nach Europa zurückgekehrt, nachdem ihre Karriere mit Anbruch des Tonfilms ins Trudeln gekommen war und sie ein Vermögen bei dem Wall Street Crash verloren hatte. Sie trat in ein paar von Goebbels in Auftrag gegebenen Filmen auf und floh 1938 aus Deutschland, nachdem Gerüchte über ihre halbjüdische Herkunft die Runde gemacht hatten. Angeblich hatte sie auch eine Affäre mit Hitler, der den Film »Mazurka«, in dem sie mitgespielt hatte, zu seinen Lieblingsfilmen zählte. Negri hat eine Verleumdungsklage gegen das französische Blatt eingereicht, das diese Behauptung aufgestellt hatte, und den anschließenden Prozess dann gewonnen.

Viele Schauspieler und Schriftsteller – jüdischer und nichtjüdischer Abstammung – wanderten nach Amerika aus. Dazu gehörte auch der Komiker Siegfried Arno (1895–1975), der zu seiner Zeit als »der deutsche Chaplin« bekannt war. Doch in Amerika hielt sich die Nachfrage nach Sängern in Grenzen, weshalb es viele von ihnen vorzogen, ihre Karriere in Deutschland fortzusetzen. Mit großer Sicherheit empfand so mancher darunter Sympathien für die Nazis oder legte einen überaus ausgeprägten Pragmatismus an den Tag und verdrängte das Geschehen in Nazideutschland. Manche, wie der gebürtige Niederländer und singende Tänzer Johannes Heesters, die schwedische Diva Zarah Leander oder Führer-Liebling Lale Andersen, behaupteten, kein Interesse an Politik zu haben, als ob es den Intellekt eines Chomsky gebraucht hätte, um zu begreifen, dass übelste Dinge im Namen des Hakenkreuzes geschahen, und das galt erst recht für die damaligen Stars.

Doch es wäre falsch anzunehmen, dass alle Künstler die Nazis unterstützt hätten. Hans Albers (1891–1960), einer der größten Stars Nazideutschlands, verachtete die Nazis. Das Regime zwang ihn, sich offiziell von seiner Freundin Hansi Burg, einer Halbjüdin, zu trennen, aber er lebte dennoch weiter mit ihr zusammen. Im Jahr 1939 half er ihr bei ihrer Flucht in die Schweiz. Als sie nach Kriegsende nach Deutschland zurückkehrte, beendete Albers seine Beziehung mit seiner damaligen Freundin und lebte dann bis zu seinem Tod 1960 mit Burg zusammen. Sein Lied »Flieger, grüß mir die Sonne« gilt so manchem als Nazipropagandalied. Doch das war es definitiv nicht, zumindest nicht bewusst. Albers hatte es bereits ein Jahr vor der Machtergreifung der Nazis in dem Science-Fiction-Film »F. P. 1 Antwortet Nicht« gesungen.

Paul Hörbiger (1894–1981), ein ungarisch-österreichischer Schauspieler, wurde ein erbitterter Widerstandskämpfer gegen die Nazis. Nach seiner Festnahme 1945 wurde er wegen Hochverrats zum Tode verurteilt, und die BBC meldete damals sogar schon seinen Tod. Doch Hörbiger war am Leben und genoss eine lange Karriere in Film, Fernsehen und auf der Bühne, die erst 1981 im Alter von 86 Jahren mit seinem Tod endete. In Deutschland und Österreich galt er als großer Gentleman auf der Bühne und im Fernsehen. Er spielte unter anderem in dem Klassiker »Der dritte Mann« den namenlosen Portier von Harry Lime.

Hans Söhnker (1903–1981) wurde zur Zeit der Machtergreifung der Nazis entdeckt. Gemeinsam mit anderen mutigen Schauspielkollegen versteckte er Juden, die auf der Flucht vor den Nazis waren, und geriet deshalb mehrfach auf die Schwarze Liste der Gestapo. Doch vermutlich hat ihn seine Berühmtheit vor einem schlimmen Schicksal gerettet, was weniger bekannten Deutschen, die ihr Leben für dieselbe edle Sache riskierten, nicht möglich war. Söhnker arbeitete lange Zeit erfolgreich als Schauspieler und genoss die Bewunderung seiner Fans.

Lilian Harvey (1906–1968) kam in London als Tochter einer Engländerin und eines Deutschen auf die Welt. Ihr Vater hatte während des Ersten Weltkriegs in Magdeburg gearbeitet und wollte mit seiner

Familie nicht nach England zurückkehren. Lilian wäre bestimmt auch in Großbritannien ein großer Star geworden, doch stattdessen wurde sie in Deutschland sehr erfolgreich. Nach einem gescheiterten Versuch, in Hollywood Fuß zu fassen, erregte sie in den dreißiger Jahren die Aufmerksamkeit der Gestapo, da sie noch immer jüdische Freunde in ihrem Haus empfing und davon auch nicht ablassen wollte. 1939 ging sie schließlich nach Frankreich und nahm ihre Karriere in Westdeutschland nach dem Krieg wieder auf.

Andere waren apolitisch. Heinz Rühmann (1902–94) war nahezu sechzig Jahre einer der größten Stars Deutschlands (er spielte in der ausgezeichneten Komödie »Die drei von der Tankstelle« von 1930 mit und in einer Propagandakomödie mit dem unglücklichen Titel »Der Gasmann«, in dem andauernd mit dem Hitlergruß gegrüßt wurde, was völlig unüblich für dieses Genre war). Rühmann, nachweislich der Lieblingsschauspieler von Anne Frank, stellte sich in der Öffentlichkeit gerne als absolut apolitisch dar, doch nach dem Krieg wurde ihm vorgeworfen, dass er sich 1938 von seiner jüdischen Frau hatte scheiden lassen, um seine Karriere im Dritten Reich nicht zu gefährden.

Willi Forst (1903–80), ein österreichischer Schauspieler, Regisseur und Sänger, wurde von den Nazis hochgeschätzt und drehte einige Filme in deren Auftrag (unter anderem Hitlers Lieblingsfilm mit Pola Negri in der Hauptrolle). Nach dem Krieg wies er die Anschuldigungen, er hätte sich verkauft, zurück und wies auf die »Besetzung« seines Heimatlandes hin (für die seine Landsleute gestimmt hatten) und auf diverse Anspielungen in seinen Filmen. Der Schauspieler Curd Jürgens erinnerte sich später an Forsts Rat aus der Nazizeit, niemals ein politisches Bekenntnis zu machen, da es irgendwann einmal zurückkehrt und einen in den Hintern beißt.

Der Schauspieler Willy Fritsch (1901–1973) war Mitglied der NSDAP, obwohl er sich nur in einem seiner Filme zu einer politischen Aussage hinreißen ließ, dem Propagandafilm »Junge Adler« von 1944 (mit dem Nachkriegsstar Hardy Krüger in der Hauptrolle und Dietmar Schönherr, der in den siebziger Jahren zu einem beliebten Fernsehmoderator avancierte). Fritschs Parteimitgliedschaft wurde ihm nach Kriegsende nicht vorgeworfen, wohl weil er einer der beliebtesten Schauspieler Deutschlands war. In dem Film »Glückskinder« singt übrigens Lilian Harvey gemeinsam mit ihm »Ich wollt' ich wär' ein Huhn«. In manchen seiner Rollen nach Kriegsende spielte er den Filmvater der jungen Romy Schneider. Die vom Pech verfolgte Romy war die Tochter des bekennenden Nazisympathisanten Wolf Albach-Retty und von Magda Schneider (1909–1996), der enge Verbindungen zu Adolf Hitler nachgesagt werden.

Nicht anders als im Falle von Heesters und Fritsch war auch ihre Nazivergangenheit kein Problem für ihre Karriere im Nachkriegsdeutschland. Ein weiterer Schauspieler mit einer unrühmlichen Nazivergangenheit konnte später jedoch nicht mehr zur Verantwortung gezogen werden: Der Wiener Schlagersänger Luigi Bernauer (1899–1945) starb während einer Tournee in Oslo. Er wollte die deutschen Truppen in den besetzten Gebieten unterhalten.

Joseph Goebbels, der Propaganda- und Kulturminister des Dritten Reichs, gab eine Liste mit den Namen aller Künstler heraus, die von der Militärpflicht befreit wurden. Dazu zählten Stars, deren Leben zu kostbar erschien, um es auf dem Schlachtfeld zu opfern – und Freunde des Regimes. Auf der Liste der Gottbegnadeten standen Schriftsteller, Architekten, Maler, Bildhauer, Komponisten (wie auch der achtzigjährige Richard Strauss), Dirigenten, Sänger und Schauspieler wie Willy Fritsch, Paul Hörbiger (der kurze Zeit später wegen seiner Aktivitäten als Widerstandskämpfer verhaftet wurde), Hans Albers, Wilhelm Strienz und Heinz Rühmann.

Diese Künstler kamen in den Genuss besonderer Privilegien, da sie – mitunter unfreiwillig – ihren Beitrag dazu leisteten, Goebbels in seinen Bemühungen zu unterstützen, für eine positive Stimmung im Land zu sorgen. Die deutsche Bevölkerung verlor allmählich ihren Glauben an die Nazis, da sie ihre Jugend auf den Schlachtfeldern gelassen hatte, ihr Zuhause zerbombt war und sie mit Lebensmittelknappheit, fehlendem Brennstoff und mangelhafter Versorgung mit Kleidung zurechtkommen musste. Lange Zeit hatte Goebbels die Strategie verfolgt, die Bevölkerung vor den unangenehmen Seiten des Lebens unter der Naziherrschaft zu schützen. Deshalb förderte er während der ganzen Nazizeit leichte und apolitische, für gute Laune sorgende Filme und Lieder (Hollywood hatte übrigens während der Großen Depression genau das Gleiche getan). Das bedeutete, dass regimekritische Künstler weiterhin in der deutschen Filmindustrie beschäftigt sein konnten, ohne sich mit Gewissensbissen herumschlagen zu müssen. Den meisten dürfte nicht klar gewesen sein, dass sie für Goebbels Zwecke benutzt wurden. Es war der allseits beliebte Heinz Rühmann, der die Deutschen auf den Krieg und eine stoische Haltung mit seinem Hit »Das kann doch einen Seemann nicht erschüttern« einstimmte, der nur einen Monat vor der Invasion Polens erschien. Der Song stammt aus dem Film »Paradies der Junggesellen«. War es wirklich nur Zufall, dass Lale Andersen ihr berühmtes »Lili Marleen«, das Original, auf den Tag genau einen Monat vor Ausbruch des Zweiten Weltkriegs aufnahm?

Während des Kriegs gab es eine Reihe deutschsprachiger Lieder, in denen es vorgeblich um Herzensangelegenheiten ging, doch es klang immer mehr oder weniger unverhüllt die Botschaft mit, dass die Deutschen den Krieg bis zum unausweichlichen Endsieg aushalten müssten. Je beunruhigender die Nachrichten von der Front wurden, umso häufiger wurden diese Lieder im Radio gespielt. Während der Bomber Arthur Harris deutsche Städte dem Erdboden gleichmachte, sang Zarah Leander »Davon geht die Welt nicht unter« und das optimistische »Ich weiß, es wird einmal ein Wunder gescheh'n«. Lale Andersen war der Meinung, dass alles vorüberginge. Doch dann begann sich ein gewisser Zynismus durchzusetzen. Witzbolde ergänzten ihr Lied »Es geht alles vorüber, es geht alles vorbei« mit dem Reim »Erst geht der Adolf, dann die Partei«. Doch je näher das Ende des Kriegs heranrückte, umso fatalistischer wurden die Deutschen.

Einige Sänger waren sichtlich froh über ihre gute Beziehung zu den Nazis, doch daraus lässt sich nicht folgern, dass alle Stars Sympathisanten dieses Regimes waren. Manche Schauspieler landeten in Konzentrationslagern, wurden hingerichtet oder verstarben in den Lagern an ihren Krankheiten. Dieses Schicksal teilte auch Schauspieler Robert Dorsay, ein tanzender Komiker, der zwischen 1932 und 1933 sogar ein paar Monate lang Parteimitglied war. Im Jahr 1941 wurde er eingezogen und als Lkw-Fahrer eingesetzt. Bei einem Heimaturlaub wurde er beim Erzählen eines politischen Witzes erwischt, was der

Gestapo zu Ohren kam. Daraufhin wurde Dorsays Post abgefangen. In einem Brief vom 31. März 1943 erkundigte er sich (rhetorisch) nach dem Krieg: »Wann ist dieses idiotische Schauspiel endlich vorbei?«. Das genügte einem Gericht, um ihn zum Tode zu verurteilen. Im Oktober desselben Jahres wurde der neununddreißigjährige Schauspieler, der von 1936 bis 1939 in über dreißig Filmen mitgewirkt hatte, nur wenige Stunden nach dem Urteilsspruch hingerichtet.

Auch die Sängerin Evelyn Künnecke (1921–2001), Tochter zweier großer Opernstars, wurde verhaftet. Sie hatte es sich mit den Nazibonzen verscherzt, weil sie die Songs des »rassisch unreinen und völlig degenerierten« amerikanischen Swings zum Besten gab. Obwohl sie zur Truppenbetreuung an die Ost- und an die Westfront ging, wurde sie wegen »Defätismus« im Januar 1945 verhaftet, aber kurz vor Kriegsende wieder freigelassen. Sie sollte antiamerikanische Swing-Lieder aufnehmen, doch es ist nicht klar, ob Künnecke jemals mit dem Propaganda-Orchester Charlie and his Orchestra gemeinsame Sache gemacht hat.

Kurz, man würde es sich zu einfach machen, wenn man alle Künstler dieser unrühmlichen Zeit verdammen würde, denen der Mut gefehlt hat, sich gegen die Nazis zu stellen. Andererseits fällt es schon schwer, zu verstehen, wie mühelos es einigen der begeisterten

Anhänger der Nazis gelang, auch im Nachkriegsdeutschland Karriere zu machen und sich eine goldene Nase zu verdienen.

Der Fall Lale Andersen (1905–72) schildert eindrucksvoll, wie dünn das Eis für die deutschen Künstler damals war. Andersen war unumstritten Hitlers Lieblingssängerin, und ihre Aufnahme von »Lili Marleen« (der ursprüngliche Titel hieß »Lied eines jungen Wachtpostens« und basierte auf einem Gedicht aus dem Ersten Weltkrieg) hatte sie auch außerhalb der Grenzen Deutschlands bekannt gemacht. Andersen hatte sich anfangs geweigert, dieses Lied aufzunehmen, weil sie seinen martialischen Tenor nicht mochte. Für Goebbels wiederum, der »Lili Marleen« hasste, war es nicht martialisch genug. Im Jahr 1942 entschied die Naziführung, dass Andersens berühmtestes Lied zu morbide war, und verbot es kurzerhand (was schon einmal, kurz nachdem es auf den Markt gekommen war, passiert war). Anscheinend hat sich Andersen nicht an dieses Verbot gehalten, obwohl sie strengstens ermahnt wurde, dieses Lied auf keinen Fall mehr in der Öffentlichkeit zu singen, und schon gar nicht vor Soldaten. Sie machte dann alles noch schlimmer, als sie es ablehnte, ein Konzert in Warschau zu geben. Und sie setzte sogar noch einen obendrauf, indem sie Flüchtlingen in der Schweiz regimefeindliche Briefe schrieb, die von der Gestapo abgefangen wurden. Angeblich hatte nur eine Falschmeldung der BBC über ihre Verhaftung Andersen vor der Deportation in ein Konzentrationslager gerettet. Wie Evelyn Künnecke musste auch Andersen in ein Tauschgeschäft einwilligen, um ihre Freiheit wiederzuerlangen: Sie wurde zu einem wöchentlichen Auftritt mit Charlie and his Orchestra verdonnert. Erstaunlicherweise wurden ihre Lieder, anders als bei anderen Sänger, die sich freiwillig an der Nazipropaganda beteiligt hatten, nach Kriegsende kurze Zeit verboten.

Manche ausländischen Stars schienen sich besser zu benehmen als ihre deutschen Kollegen und Kolleginnen. Das traf mit Sicherheit auf die große Diva Zarah Leander (1907–1981) zu, die mit ihrer extravaganten Gestik und ihrer Altstimme in den siebziger und achtziger Jahren zu den Publikumslieblingen Westdeutschlands zählte. Das Leben der gebürtigen Schwedin Leander würde genug Stoff für eine Verfilmung bieten. Ihre ersten Erfolge feierte sie 1936 in Wien mit der Operette »Axel an der Himmelstür«, dessen Libretto aus der Feder des einzigartigen Paul Morgan, einem deutschen Einwanderer, stammt. Nach zwei Jahren verstarb Morgan im Konzentrationslager Buchenwald an einer Lungenentzündung, während die Sängerin, die seine Worte auf der Wiener Bühne gesungen hatte, einer der größten Stars Nazideutschlands wurde und in zahlreichen Filmen mitspielte. Leander hatte immer behauptet, sie sei ein völlig apolitischer Mensch, doch nicht jeder nahm ihr das ab. Sie kehrte Deutschland 1942 den Rücken.

Eine weitere Skandinavierin, die Norwegerin Kirsten Heiberg (1907–1976), hatte eine glänzende Karriere als Schauspielerin vom Typ Femme fatale. Doch bei den Nazigrößen machte sie sich nicht gerade beliebt, als sie sich weigerte, der NSDAP beizutreten, und als sie sich – wenngleich mehr hinter vorgehaltener Hand – gegen die Besetzung ihres Heimatlandes durch die Deutschen aussprach. Dafür kassierte sie ein zweijähriges öffentliches Auftrittsverbot. Doch die Norweger verziehen ihr ihre Verbindung zum Naziregime nicht, und so zog sie sich 1954 aus dem Showbusiness zurück. Heiberg heiratete Franz Grothe (1908–1982), Mitglied der NSDAP seit Mai 1933. Zuvor hatte der Komponist viele Lieder für Richard Tauber geschrieben (der Deutschland verlassen hatte, nachdem er von Grothes neuen Freunden zusammengeschlagen worden war). Nach Kriegsende verweigerte sich Grothe der Entnazifizierung, doch dieser Protest schmälerte seine glänzende Karriere im Nachkriegsdeutschland in keiner Weise. Bis zu seinem Tod war er der Chefdirigent der populären konservativen Volksmusikshow »Zum blauen Bock«.

Ein weiterer Star, der im Dritten Reich eine glänzende Karriere machte, war Johannes Heesters (1903–2011), seinerzeit erklärter Bewunderer Hitlers. Auch er war ein Nachkriegsstar, dessen einstige Sympathien für die Nazis – richtig geraten – kein Problem darstellten. Der Sänger, Tänzer und Schauspieler, der 1936 nach Deutschland gekommen war, distanzierte sich nicht vom Dritten Reich. Er trat 1941 für Hitler auf und stattete dem Konzentrationslager Dachau einen Besuch ab (offenkundig zur Unterhaltung der SS-Wachen, was Heesters jedoch abstritt). Doch 1938 trat Heesters gemeinsam mit einer jüdischen Schauspieltruppe in den Niederlanden auf. Ungeachtet seiner unverhohlenen Kollaboration mit dem Naziregime durfte er seine Karriere nach Kriegsende unbehelligt fortsetzen.

Der vermutlich aktivste Nazifreund, auf den ich hier eingehen möchte, war der Tenor Wilhelm Strienz (1900–1987), der sich 1933 der Sturmabteilung (Ernst Röhms Braunhemden) anschloss und eine Reihe von Propagandahits produzierte wie »Deutsch sein, heißt treu sein« und »Flieg, deutsche Fahne, flieg!«. Er unterstützte die kulturelle Nazipropaganda regelmäßig, was Londons Opernbühne Covent Garden aber nicht davon abhielt, ihn zu engagieren. Nach Kriegsende stand Strienz auf der Schwarzen Liste der Radiostationen – keine weitverbreitete Maßnahme –, doch seiner Karriere tat dies keinen Abbruch. Bis zu seinem Rückzug aus dem Showbusiness 1963 war er sehr erfolgreich mit seinen Platten und Konzerten.

Das Tanzorchester »Die Goldene Sieben«, von denen das Lied »Ich wollt' ich wär ein Huhn« und »Oh Aha!« stammt, war ein musikalisches Experiment der Nazis. Die Gruppe wurde in Berlin gegründet, sollte »Deutschen Jazz« spielen und – anders als der »dekadente« amerikanische Jazz – den moralischen Anforderungen der Nazis genügen. Doch aufgrund der hohen Fluktuation unter den Musikern gelang die Erfindung dieses Musikstils nicht, ganz im Gegenteil: Die Formation überschritt die ihr von Propagandaminister Joseph Goebbels und der Reichskulturkammer gesetzten engen musikalischen Grenzen. Ihr Stil wurde nach Ansicht der Zensoren rasch »zu swingend«. Nach nur fünf Jahren und mehrfachem Sendeverbot ihrer Musik kam dann das endgültige Aus für die Band.

Auch der österreichische Sänger und Komponist Peter Igelhoff (1904–1978) galt als »zu jazzig«, weshalb ihm 1942 Auftritte verboten wurden und seine Songs nicht mehr vom Radio ausgestrahlt werden durften. Stattdessen wurde er zum Kriegsdienst eingezogen und an die Front geschickt. Doch er überlebte und genoss seine Karriere im Nachkriegsdeutschland.

Das wohl erfolgreichste Songschreiberduo dieser Zeit war das von Michael Jary und Bruno Balz, das so realitätsfremde Songs schrieb wie »Das kann doch einen Seemann nicht erschüttern«, »Ich weiß, es wird einmal ein Wunder gescheh'n« und »Davon geht die Welt nicht unter«. Diese Songs waren nützliche Propaganda, könnten letzten Endes Balz aber auch das Leben gerettet haben. Bruno Balz (1902–1988) wurde 1936 aufgrund eines Verstoßes gegen das berüchtigte Anti-Homosexuellen-Gesetz von 1872 (das die Bundesrepublik Deutschland erst 1973 kippte!) ins Gefängnis gebracht. Er wurde unter der Bedingung vorzeitig entlassen, dass er nicht mehr öffentlich auftritt, auch sonst keine öffentliche Aufmerksamkeit erregt und eine parteitreue Frau heiratet. Sein Name durfte weder im Filmabspann noch auf Schallplatten genannt werden (das wurde erst viele Jahre nach Kriegsende geändert). Balz verstieß jedoch erneut gegen besagtes Gesetz, weshalb er 1941 von der Gestapo verhaftet und gefoltert wurde. Die Aussage Jarys hat ihn gerettet, indem dieser behauptete, er könne die von Goebbels geforderten Songs nur mit Hilfe von Balz schreiben. Angeblich stellten Balz und Jary die beiden bereits erwähnten, von Zarah Leander gesungenen, Klassiker nur einen Tag nach dieser traumatischen Erfahrung fertig.

Michael Jary (1906–1988), der nur vier Monate nach dem Tod seines langjährigen Partners Balz verstarb, hat nicht nur Schlager geschrieben, Musikstücke und klassische Filmmusik komponiert, sondern war auch Kapellmeister nach dem Vorbild US-amerikanischer Swing-Orchester. Der Katholik Jary hatte in Polen als Maximilian Jarczyk das Licht der Welt erblickt, wollte ursprünglich Priester werden und wurde häufig irrtümlicherweise für eine Juden gehalten, weshalb er schließlich seinen Namen änderte (er nannte sich auch schon Max Jantzen und Jackie Leeds). Ein Orchester zu leiten war eine nützliche Erfahrung für Jary: Nur drei Wochen nach dem Untergang des Dritten Reichs nahm er im Auftrag der russischen Alliierten Programme für den Berliner Rundfunk auf.

Jarys Lieblingssänger war Rudi Schuricke (1913– 1973), der 1931 gebeten wurde, sich doch den Comedian Harmonists anzuschließen, aber lieber sein eigenes Trio gründete, das Schuricke-Terzett. Die drei nahmen Platten auf, hatten Gastauftritte mit anderen Orchestern wie dem von Jary und veröffentlichten Soloalben, in denen oft von ihrer Sehnsucht nach fernen Ländern die Rede war (in den dreißiger und vierziger Jahren waren Urlaubsreisen unerreichbare Wunschträume, und selbst Neapel und Capri waren damals noch extrem glamouröse Orte). Schurickes Nachkriegskarriere war recht kurz, beschränkte sich auf ein kurzes Comeback in den siebziger Jahren. Letztlich endete seine berufliche Karriere damit, dass er ein Hotel und eine Wäscherei betrieb.

(Aus: *Any Major Dude With Half A Heart*)

Das »Wort des Jahres«

Seit über vierzig Jahren wählt die Gesellschaft für deutsche Sprache Jahr für Jahr die zehn Wörter aus, die die politische, wirtschaftliche und gesellschaftliche Stimmung Deutschlands am besten einfangen, oft in öffentlichen Debatten zu hören waren und/oder die Sprache beeinflusst haben. Entscheidend für die Wahl eines solchen Wortes ist nicht, wie häufig man es gehört hat, sondern seine Signifikanz und Beliebtheit. In nachfolgender Aufzählung finden sie die Wörter des Jahres der letzten zehn Jahre (der »Sieger« jeweils fett hervorgehoben).

► Wort des Jahres 2002

1. **Teuro**
2. PISA-Schock
3. Jahrtausendflut
4. Kakophonie
5. Ich-AG
6. Bush-Krieger
7. Job-Floater
8. verhunzingern
9. Arzneimittelausgaben-begrenzungsgesetz
10. »Es gibt nur ein' Rudi Völler!«

► Wort des Jahres 2003

1. **das alte Europa**
2. Agenda 2010
3. Reformstreit
4. SARS/Sars
5. eingebettete Journalisten
6. Maut-Desaster
7. Steuerbegünstigungs-abbaugesetz

8. Jahrhundertglut
9. googeln
10. Alcopops

11. »Deutschland sucht den Superstar (DSDS)«

▶ Wort des Jahres 2004
1. Hartz IV
2. Parallelgesellschaften
3. Pisa-gebeutelte Nation
4. gefühlte Armut
5. Ekelfernsehen
6. Praxisgebühr
7. Ein-Euro-Job
8. aufgestellt
9. Rehakles

▶ Wort des Jahres 2005
1. Bundeskanzlerin
2. Wir sind Papst
3. Tsunami
4. Heuschrecken
5. Gammelfleisch
6. Jamaika-Koalition
7. hoyzern
8. suboptimal
9. Telenovela
10. FC Deutschland 06

▶ Wort des Jahres 2006
1. Fanmeile
2. Generation Praktikum
3. Karikaturenstreit
4. Rechtschreibfrieden
5. Prekariat
6. Bezahlstudium
7. Problembär
8. Poloniumspuren
9. Klinsmänner
10. schwarz-rot-geil

▶ Wort des Jahres 2007

1. Klimakatastrophe
2. Herdprämie
3. Raucherkneipe
4. arm durch Arbeit
5. Dopingbeichte
6. Lustreisen
7. Second Life
8. Bundestrojaner
9. spritdurstig
10. Alles wird Knut

▶ Wort des Jahres 2008

1. Finanzkrise
2. verzockt
3. Datenklau
4. hessische Verhältnisse
5. Umweltzone
6. multipolare Welt
7. Nacktscanner
8. Rettungsschirm
9. Bildungsfrühling
10. Yes, we can

▶ Wort des Jahres 2009

1. Abwrackprämie
2. kriegsähnliche Zustände
3. Schweinegrippe
4. Bad Bank
5. Weltklimagipfel
6. Deutschland ist Europameisterin
7. twittern
8. Studium Bolognese
9. Wachstumsbeschleunigungsgesetz
10. Haste mal 'ne Milliarde?

► Wort des Jahres 2010

1. **Wutbürger**
2. Stuttgart 21
3. Sarrazin-Gen
4. Cyberkrieg
5. Wikileaks
6. schottern
7. Aschewolke
8. Vuvuzela
9. Femitainment
10. unter den Euro-rettungsschirm schlüpfen

► Wort des Jahres 2011

1. **Stresstest**
2. hebeln
3. Arabellion
4. Merkozy
5. Fukushima
6. Burnout
7. guttenbergen
8. Killersprossen
9. Ab jetzt wird geliefert!
10. Wir sind die 99 Prozent

Unwörter des Jahres

Das schlimmste deutsche Wort des Jahres wird jedes Jahr von einer Jury an der Universität Frankfurt am Main unter dem Namen »Sprachkritische Aktion Unwort des Jahres« bestimmt. Es steht für in den Augen der Jury sprachliche Missgriffe, also ein Wort oder ein Ausdruck, der eine negative und/oder irreführende Konnotation für die Gesellschaft hat. Da die Wahl des Unwortes oft einen politischen Beigeschmack hat, ist die Wahl nicht unumstritten.

Nachfolgend eine Aufstellung der Unwörter des Jahres, gefolgt von Platz zwei und drei, aus den vergangenen zehn Jahren:

▶ Unwort des Jahres 2002
- **Ich-AG:** Reduzierung von Individuen – als Aktiengesellschaft? – auf sprachliches Börsenniveau.
- **Ausreisezentrum:** Behördenterminus für Sammellager, aus denen abgewiesene Asylbewerber abgeschoben werden.
- **Zellhaufen:** Sprachliche Verdinglichung von Biotechnikern für einen menschlichen Embryo.

▶ Unwort des Jahres 2003
- **Tätervolk:** Grundsätzlich inakzeptabler Kollektivschuldvorwurf; als potentiell möglicher Vorwurf gegen Juden bei Martin Hohmann schlicht antisemitisch.
- **Angebotsoptimierung:** Beschönigung von Dienstleistungsminderungen, etwa Stillegung von Bahnstrecken.
- **Abweichler:** Diskriminierung von Bundestagsabgeordneten, die Gewissensentscheidung über Fraktions- / Koalitionszwang stellten.

▶ Unwort des Jahres 2004
- **Humankapital:** Degradiert Menschen zu nur noch ökonomisch interessanten Größen.

- **Begrüßungszentren:** Sprachliche Verniedlichung von Auffanglagern für afrikanische Flüchtlinge; diese Wortbildung ist kongenial zu dem schon offiziellen Namen Ausreisezentrum für Abschiebehaftanstalten.

- **Luftverschmutzungsrechte:** Nicht nur ökologisches Unding, das Wort trägt vielmehr auch dazu bei, »Treibhausgasemissionen« für unbedenklich zu halten, weil ihr Handel rechtlich geregelt wird.

▶ Unwort des Jahres 2005

- **Entlassungsproduktivität:** Gewinne aus Produktionsleistungen eines Unternehmens, nachdem zuvor zahlreiche für »überflüssig« gehaltene Mitarbeiter entlassen wurden.

- **Ehrenmord:** Inakzeptable Berufung auf eine archaische »Familienehre« zur Rechtfertigung der Ermordung eines meist weiblichen Familienmitglieds.

- **Bombenholocaust:** Widerliche Umschreibung der Zerstörung Dresdens, womit der millionenfache Mord im eigentlichen Holocaust heruntergespielt werden soll.

- **Langlebigkeitsrisiko:** Unsensibler Fachterminus für das Versicherungsrisiko, das dadurch entsteht, dass Versicherte länger leben als kalkuliert; vgl. auch »Todesfallbonus«.

▶ Unwort des Jahres 2006

- **Freiwillige Ausreise:** Gesetzes- und Behördenterminus, wenn abgelehnte Asylbewerber aus deutschen Abschiebehaftanstalten, sogenannten Aus-
  reisezentren, nach intensiver »Beratung« in ihre
  Herkunftsländer zurückkehren, wobei die Freiwil-
  ligkeit in vielen Fällen zweifelhaft ist.
- **Konsumopfer:** Umschreibung von Models, die
  durch Abmagern einem Schönheitsideal der Kon-
  sumgesellschaft gerecht werden müssen.
- **Neiddebatte:** Diffamierung der öffentlichen Diskussion um übertriebene Managergehälter.

▶ Unwort des Jahres 2007

- **Herdprämie:** Das Wort diffamiert Eltern, insbesondere Frauen, die ihre Kinder zu Hause erzie-
  hen, anstatt einen Krippenplatz in Anspruch zu
  nehmen.
- **Klimaneutral:** Kritisiert wird der Versuch, mit
  diesem Begriff für eine Ausweitung des Flugver-
  kehrs oder eine Steigerung anderer CO_2-haltiger
  Techniken zu werben, ohne dass dabei deutlich
  wird, wie diese Klimabelastungen »neutralisiert«
  werden sollen.
- **Entartet:** Umschreibung für Kunst und Kultur
  ohne religiöse Bindung.

► Unwort des Jahres 2008

- **Notleidende Banken:** Das Verhältnis von Ursachen und Folgen der Weltwirtschaftskrise wird rundweg auf den Kopf gestellt. Während die Volkswirtschaften in ärgste Bedrängnis geraten und die Steuerzahler Milliardenkredite mittragen müssen, werden die Banken mit ihrer Finanzpolitik, durch die die Krise verursacht wurde, zu Opfern stilisiert.

- **Rentnerdemokratie:** Als die Renten um ganze 1,1 Prozent erhöht werden sollten, malte der ehemalige Bundespräsident Roman Herzog, selbst Bezieher satter Altersbezüge, das Schreckbild eines Staates, einer Rentnerdemokratie, in »der die Alten die Jungen ausplündern«.

- **Karlsruhe-Touristen:** Diffamierung von Bürgern, die wiederholt wegen der Verfassungsgemäßheit von Gesetzen das Bundesverfassungsgericht anrufen – ausgerechnet durch den Vorsitzenden der Polizeigewerkschaft R. Wendt.

► Unwort des Jahres 2009

- **Betriebsratsverseucht:** Skandalöse Diffamierung der Vertretung von Arbeitnehmerinteressen.

- **Flüchtlingsbekämpfung:** Militärische Umschreibung der Abwehr von Flüchtlingen; Kanzlerin Merkel.

- **Intelligente Wirksysteme:** Verschleierung von Hightech-Munition, sogar im offiziellen Unternehmensnamen des Herstellers.

▶ Unwort des Jahres 2010
- **Alternativlos:** Das Wort suggeriert sachlich unangemessen, dass es bei einem Entscheidungsprozess von vornherein keine Alternativen und damit auch keine Notwendigkeit der Diskussion und Argumentation gebe. Behauptungen dieser Art sind 2010 zu oft aufgestellt worden, sie drohen, die Politikverdrossenheit in der Bevölkerung zu verstärken.
- **Integrationsverweigerer:** Das von Bundesinnenminister de Maizière in Umlauf gebrachte Wort verbreitet die Unterstellung, dass Migranten in größerem Umfang selbst ihre Integration verweigerten. Dass für eine solche Behauptung noch immer eine sichere Datenbasis fehlt und dass der Staat seinerseits für die Integration noch zu wenig tut, wird in den entsprechenden Debatten meist ausgeblendet.
- **Geschwätz des Augenblicks:** Mit dieser Formulierung versuchte der Dekan des Kardinalskollegiums Angelo Sodano in der Ostermesse des Papstes 2010 die massiven Vorwürfe sexuellen Missbrauchs in der katholischen Kirche beiseitezuschieben.

- **Döner-Morde:** Damit wurden von der Polizei und den Medien die von einer neonazistischen Terrorgruppe verübten Morde an zehn Menschen bezeichnet. Der Ausdruck steht prototypisch dafür, dass die politische Dimension der Mordserie jahrelang verkannt oder willentlich ignoriert wurde: Die Unterstellung, die Motive der Morde seien im kriminellen Milieu von Schutzgeld- oder Drogengeschäften zu suchen, wurde mit dieser Bezeichnung gestützt. Damit haben die Döner-Morde über Jahre hinweg die Wahrnehmung vieler Menschen und gesellschaftlicher Institutionen in verhängnisvoller Weise beeinflusst. Im Jahre 2011 ist der rassistische Tenor des Ausdrucks in vollem Umfang deutlich geworden: Mit der sachlich unangemessenen, folkloristisch-stereotypen Etikettierung einer rechts-terroristischen Mordserie werden ganze Bevölkerungsgruppen ausgegrenzt und die Opfer selbst in höchstem Maße diskriminiert, indem sie aufgrund ihrer Herkunft auf ein Imbissgericht reduziert werden.
- **Gutmensch:** Mit dem Ausdruck Gutmensch wird insbesondere in Internet-Foren das ethische Ideal des »guten Menschen« in hämischer Weise aufgegriffen, um Andersdenkende pauschal und ohne Ansehung ihrer Argumente zu diffamieren und als naiv abzuqualifizieren. Ähnlich wie der meist

ebenfalls in diffamierender Absicht gebrauchte Ausdruck Wutbürger widerspricht der abwertend verwendete Ausdruck Gutmensch Grundprinzipien der Demokratie, zu denen die notwendige Orientierung politischen Handelns an ethischen Prinzipien und das Ideal der Aushandlung gemeinsamer gesellschaftlicher Wertorientierungen in rationaler Diskussion gehören. Der Ausdruck wird zwar schon seit zwanzig Jahren in der hier gerügten Weise benutzt. Im Jahr 2011 ist er aber in unterschiedlichen gesellschaftspolitischen Kontexten einflussreich geworden und hat somit sein Diffamierungspotential als Kampfbegriff gegen Andersdenkende verstärkt entfaltet.

- **Marktkonforme Demokratie:** Die Wortverbindung marktkonforme Demokratie steht für eine höchst unzulässige Relativierung des Prinzips, demzufolge Demokratie eine absolute Norm ist, die mit dem Anspruch von Konformität mit welcher Instanz auch immer unvereinbar ist. Sie geht zurück auf ein Statement Angela Merkels, wonach Wege zu finden seien, »wie die parlamentarische Mitbestimmung so gestaltet wird, dass sie trotzdem auch marktkonform ist«. Auch wenn die Wortverbindung gegenwärtig meist kritisch verwendet wird, steht sie doch für eine bedenkliche Entwicklung der politischen Kultur.

Die älteste Shakespeare-Gesellschaft
der Welt

Die Deutsche Shakespeare-Gesellschaft wurde 1864 in Weimar anlässlich Shakespeares 300. Geburtstags gegründet und ist nicht nur die älteste Shakespeare-Gesellschaft der Welt, sondern auch Deutschlands älteste literarische Gesellschaft. Anfang des 17. Jahrhunderts gingen als Erste britische Theatertruppen auf Tournee quer durch Europa, um dort Shakespeares Stücke aufzuführen. In den darauffolgenden Jahren begeisterten sich immer mehr deutsche Zuhörer und Leser für die Werke des Barden, so dass Shakespeare letztlich nicht mehr aus einem Literaturstudium in Deutschland wegzudenken war. Angeblich werden noch heute mehr Stücke von ihm auf deutschen Bühnen aufgeführt als auf britischen. In Neuss steht ein Nachbau des Globe Theatre, dort werden alljährlich Stücke von Shakespeare in englischer und deutscher Sprache aufgeführt. Und natürlich sind so manche seiner Redewendungen fester Bestandteil der deutschen Sprache, wie zum Beispiel »Sein oder Nichtsein – das ist hier die Frage!«, »Was ist ein Name?«, »Der Rest ist Schweigen« und »Viel Lärm um nichts«.

Die Beatles in Deutschland

Echte Beatles-Fans wissen natürlich, dass die Pilzköpfe ihre Kunst als Musiker Anfang der sechziger
Jahre in Deutschland verfeinert haben. Weit weniger bekannt dürfte allerdings die Tatsache sein, dass
die Aufnahmen zu ihrer ersten Platte zum Teil in
Deutschland stattfanden. Über mehrere Tage hinweg
dauerten die Aufnahmen in der Hamburger Friedrich-Ebert-Halle im Sommer 1961. John Lennon,
Paul McCartney, George Harrison und Schlagzeuger
Pete Best nahmen damals gemeinsam mit dem Sänger Tony Sheridan acht Songs auf. Zwei davon wurden auf eine Single gepresst, die der deutsche Musiker Bert Kaempfert für das deutsche Plattenlabel
Polydor herausgab. Auf der A-Seite war »My Bonnie«
zu hören, die traditionelle schottische Melodie, die
die Beatles oft zum Spaß in den Clubs des Hamburger Rotlichtbezirks Reeperbahn zum Besten gaben.
Auf der B-Seite befand sich ebenfalls ein traditionel-
les Stück, »When the Saints Go Marching In«, das auf
der Plattenhülle zu »The Saints« abgekürzt worden
war.

Im Oktober 1961 schaffte es die Single »My Bonnie / The Saints« auf den fünften Platz der deutschen
Musikcharts. Eben diese Platte von »Tony Sheridan
and the Beat Brothers« (auf späteren Plattenhüllen
stand dann »... und die Beatles«) gilt nun als erste

kommerzielle Aufnahme der Beatles, die von jedermann käuflich zu erwerben war. Auf der in Deutschland erhältlichen Version sang Sheridan die ersten Verse von »My Bonnie«. Den Zeilen »Mein Herz ist bei dir nur« folgt der traditionelle Text von »My Bonnie lies over the ocean«, gesungen natürlich auf Englisch. Diese Single – mit dem deutschen Text von Charles Pratt – besitzt heute einen erheblichen Sammlerwert. Die späteren Versionen des Plattenlabels Polydor mit ausschließlich englischen Texten sind weitaus weniger selten und werden viel günstiger gehandelt, bieten aber den für die Anfänge der Beatles typischen Sound (vor Ringo Starr).

1962 erschien dann eine Langspielplatte mit weiteren Songs aus der Hamburger Aufnahmesession, darunter zwei Stücke, die nur von den Beatles stammten: »Ain't She Sweet« (gesungen von John Lennon) und »Cry for a Shadow« (gesungen von Lennon und Harrison).

Doch um andere Platten der Beatles ranken sich seit über dreißig Jahren ganz andere Gerüchte. Die angeblich »verlorengegangenen« EMI-Bänder tauchten im Januar 2003 bei einer Razzia der niederländischen und britischen Polizei wieder auf. Mutmaßungen zufolge wurden die fünfhundert Originalaufnahmen in Holland wiederentdeckt (sie waren in den siebziger Jahren gestohlen worden). Diese in London aufgenommenen Platten »Get Back« enthalten mindestens einen weiteren Song der Beatles – auf Deutsch!

Im Jahr 1969 arbeiteten die Beatles an dem Film »Let It Be« und nahmen eine improvisierte, ziemlich merkwürdige Version von »Get Back« auf Deutsch auf. Anfang 1969 waren die Beatles angeschlagen; die offizielle Verkündung ihrer Trennung erfolgte ein paar Monate später. Doch trotz ihrer angespannten Lage und handfester Streitigkeiten schienen die Beatles bei den Aufnahmen viel Spaß gehabt zu haben. Anscheinend hatten sie in ihrer Hamburger Zeit etwas Deutsch gelernt. Doch ihr Deutsch auf »Geh raus« ist nichts anderes als Kauderwelsch, das weder die Regeln der deutschen Grammatik beherzigt noch als umgangssprachlich durchgeht. Paul McCartneys Aussprache ist gar nicht mal so schlecht. Paul scheint das Sprachtalent der Band gewesen zu sein, denn am Ende des Stücks »Geh raus« sind sogar ein paar französische Brocken zu hören. Diese witzige Imitation von »Get Back« (an sich schon eine Satire der britischen Einwanderungsgesetze) erinnert an die frühen Tage der Beatles in Hamburg. McCartney ist ebenfalls auf Deutsch zu hören: »Danke für die Blumen.«

Die Anfangsphase ihrer Karriere verbrachten die Beatles meist mit Auftritten in Clubs auf der Reeperbahn und der Großen Freiheit in Hamburgs berüchtigtem Rotlichtbezirk. Alan Williams, ein Clubbesitzer aus Liverpool, hatte den Gig in Hamburg für seine Liverpooler Fans organisiert. Der erste Auftritt der Beatles in Deutschland fand im Indra Club (Große Freiheit 64) statt. Bis im November 1960 fast alle Beatles wieder nach England zurückgekehrt waren, hatten sie große Erfolge im schickeren Kaiserkeller (Große Freiheit 38) und dem Top Ten Club (Reeperbahn 136) gefeiert. George Harrison wurde aus Deutschland ausgewiesen, weil er damals noch nicht volljährig war (17) und mit seinen Live-Auftritten gegen das Jugendschutzgesetz verstieß. Paul McCartney und Pete Best wurden wegen Brandstiftung abgeschoben.

Der zweite Aufenthalt der Beatles in Hamburg dauerte von Ende März 1961 bis Juli desselben Jahres. Aus dieser Zeit stammt die erste professionelle Aufnahme der Band. Im Juni 1961 gingen die Beatles (ohne Stu Sutcliffe) nach Hamburg-Harburg, etwa dreißig Minuten vom Zentrum Hamburgs gelegen, für eine Aufnahme in die Friedrich-Ebert-Halle (Auditorium / Stadthalle). Ihre Gage als Backup-Band für Tony Sheridan betrug 300,– DM, Tantiemen wurden nicht vereinbart – selbst in den sechziger Jahren war das eine lächerliche Summe. Die Beatles haben zwar noch zwei eigene Songs aufgenommen, doch diese Aufnahme von Polydor gehört nicht zu ihrem Nachlass. 2001 hat die deutsche Plattenfirma Bear Family Records eine CD-Box mit diesen Hamburger Aufnahmen auf den Markt gebracht: »Beatles Bop –

Hamburg Days« und »The Beatles with Tony Sheridan« umfassen 38 Stücke auf zwei CDs, einschließlich der deutschen Version von »My Bonnie«.

Der gebürtige Hamburger Bert Kaempfert (1923–1980) war ein berühmter deutscher Musiker, Komponist und Produzent, der als Produktionsleiter für Polydor Records tätig war. Unter Kaemperts Leitung entstand die allererste kommerzielle Aufnahme der Beatles. Die Originalsingles von Polydor sind mittlerweile heißbegehrte Sammlerstücke. Am 2. Juli 1961 kehrten die Beatles nach Liverpool zurück, doch schon 1962 waren sie wegen eines Engagements im Star Club wieder in Hamburg. Danach waren ihre legendären Auftritte in Clubs zu Ende – zumindest in Deutschland.

Als die Beatles 1966 wieder nach Deutschland reisten, waren sie schon internationale Rockstars. Wegen der »Bravo-Blitz-Tournee« flogen die Beatles am 23. Juni 1966 von London nach München (der alte Reisebus hatte mittlerweile ausgedient). Zu den Vorbands, die auf ihrer Deutschlandtour – jeweils an zwei Tagen in drei Städten – spielten, gehörten »The Rattles« und »Peter and Gordon«. Anschließend ging es für die Beatles mit dem Zug nach Essen. Dann mit einem Sonderzug zurück nach Hamburg – zum ersten Mal seit 1962. Am Sonntag, den 26. Juni, gaben die Beatles zwei Konzerte in Hamburgs Ernst-Merck-Halle auf dem »Planten un Blomen«-Gelände (die

Halle wurde ein paar Jahre später abgerissen) und schafften es sogar noch, in der Zeit zwischen ihren Auftritten eine Pressekonferenz zu geben. Von diesem Konzert und dem Versuch der Beatles, Deutsch zu sprechen, kursierten jede Menge illegale Aufnahmen (Die Beatles in Deutschland, 1966).

Auf den Konzerten in Deutschland gab George Harrison die alte Jazznummer »Am Sonntag will mein Süßer mit mir segeln gehen« aus dem Jahr 1929 zum Besten. Doch natürlich spielten die Beatles auch ihre bekannten Songs wie »I Feel Fine«, »Yesterday«, »Nowhere Man« und »Paperback Writer«. Die Ex-Bewohner Hamburgs hatten jedoch keine Zeit mehr, um dem Star Club, oder überhaupt der Reeperbahn, einen Besuch abzustatten, da sie gleich am nächsten Tag mit einer Sondermaschine der Japan Airlines nach Tokio weiterflogen. Die »Blitz«-Tour war wirklich ein kurzes Vergnügen: Die Beatles waren nur drei Tage in Deutschland.

(Aus: *Hyde Flippo*)

Johann Sebastian Bach – Ausnahmemusiker und »Langstreckenläufer«

Johann Sebastian Bach war ein Ausnahmetalent, doch damit gab er sich nicht zufrieden. Er wollte von den Großen seiner Zeit lernen, auch wenn dies zur damaligen Zeit bedeutete, weite Strecken zu Fuß zurücklegen zu müssen.

- Bach war vierzehn, als er zum ersten Mal die rund dreihundert Kilometer von seinem Zuhause in Ohrdruf nach Lüneburg lief, da er ein Stipendium an der Michaelisschule bekommen hatte und nun in deren Chor mitsingen durfte.
- In den Sommerferien seines ersten Schuljahrs lief Bach die rund einhundert Kilometer von Lüneburg nach Hamburg, weil er den Organisten Johann Adam Reinken hören wollte.
- Später machte er mehrere Rundreisen von jeweils einhundertfünfzig Kilometern von Lüneburg nach Celle, um das Hoforchester des Herzogs Georg Wilhelm zu hören.
- Sein längster Marsch waren die achthundert Kilometer von Arnstadt nach Lübeck an der Nordsee im Winter 1705/06, da er dort den berühmten Organisten Dietrich Buxtehude hören wollte. Seine genaue Reiseroute ist nicht überliefert, aber man geht davon aus, dass Bach über Gotha, Mühlhausen, Northeim, Seesen, Braunschweig, Lüneburg und die vielbenutzte Salzstraße nach Lübeck gekommen ist.

Sprüche über Johann Sebastian Bach

»Es gibt einen Gott – Bach – und Mendelssohn
ist sein Prophet.«
Hector Berlioz

»Das kann nur der Teufel oder Bach höchstpersön-
lich sein.«
*Ein Dorforganist, der Bach an seiner Orgel spielend
erwischte.*

»Wenn Bach so weiterspielt, ist entweder die
Orgel in zwei Jahren kaputt oder die Hälfte der
Kirchengemeinde taub.«
Ein Mitglied des Arnstadter Rats 1705

»Als ob die ewige Harmonie ein Selbstgespräch führte,
so muss das auch Gott ergangen sein,
kurz bevor er die Welt erschaffen hat.«
Goethe

»Eigentlich müsste er nicht Bach, sondern Ozean
heißen.«
Beethoven

»Johann Sebastian Bach hat alles perfekt beherrscht,
er war ein Mann durch und durch.«
Schubert

»Ein wohlwollender Gott, den Musiker vor Beginn
ihrer Arbeit anflehen mögen,
er solle sie vor Mittelmäßigkeit bewahren.«
Debussy

»Zu viele Sätze – aber das Schlimme daran ist,
es sind evangelische Sätze.«
Thomas Beecham

»Bach ist wie ein Astronom, der mit Hilfe eines
Geheimcodes die wundervollsten Sterne entdeckt.«
Chopin

»Die Musik schuldet Bach so viel wie eine Religion
ihrem Gründer.«
Schumann

»Weshalb sollte man sein Geld für eine Psycho-
therapie vergeuden, wenn man doch genauso gut die
Messe in h-Moll anhören kann?«
Michael Torke

»Befass dich mit Bach, dann wirst du alles finden.«
Brahms

»In Bach vereinen sich die Lebenszellen der Musik
wie die Welt in Gott.«
Mahler

»Für mich ist er das größte Genie aller Zeiten.
Von den drei größten Musikern aller Zeiten hat uns
Mozart beigebracht, was es heißt, ein Mensch zu sein,
Beethoven dagegen, was es heißt, Beethoven zu sein,
und Bach, was es heißt, das Universum zu sein.«
Douglas Adams

Die zehn besten deutschen Kultfilme

In den zehn großartigsten deutschen Filmen geht es
um fast alles – von einer klaustrophobischen Erfahrung in einem U-Boot über expressionistische Zukunftsvisionen zu engelsgleichen Träumen von der
Unsterblichkeit bis zu einem bestimmten boshaften
Zwerg.

▶ 1. »Metropolis«
Fritz Langs expressionistische Science-Fiction-Antiutopie aus dem Jahr 1925 zeichnet das Bild einer
Welt, in der die privilegierte Oberschicht ein Leben
in Luxus genießt, während die Arbeiterklasse in
riesigen Fabriken im Untergrund schuftet – bis ein
sexy Roboter das System durcheinanderbringt. Ich
empfehle Ihnen die Version mit Giorgio Moroders
Soundtrack aus den achtziger Jahren.

► 2. »Der Himmel über Berlin«

Jeder Film von Wim Wenders ist sehenswert, aber dieser elliptische Film aus dem Jahr 1987 ist sein bester, da er darin alles zusammenfasst, was er als Filmemacher über das Leben und die Filme, verschmolzen zu einer genialen Weisheit, zu sagen hat. Mit Bruno Ganz und Peter Falk.

► 3. »Zur Sache, Schätzchen«

Dies ist die deutsche Antwort der Regisseurin May Spils auf die französische Nouvelle Vague. Werner Enke spielt einen Müßiggänger, der einen Tag in München verbummelt und sich dabei in Uschi Glas verliebt.

► 4. »Die Blechtrommel«

Volker Schlöndorffs Verfilmung des Romans von Nobel-Preisträger Günther Grass über den Zweiten Weltkrieg erhielt den Oscar und zählt zu den Filmen, die man gesehen haben muss – so verstörend und surreal wie die deutsche Geschichte.

► 5. »Angst essen Seele auf«

Rainer Werner Fassbinder, Enfant terrible des Neuen Deutschen Kinos, zollt in seinem Melodram aus dem Jahr 1970 Douglas Sirk Tribut – ein berührender und eindringlicher Film über die Liebe einer Putzfrau zu einem marokkanischen Einwanderer.

► 6. »Rosa Luxemburg«

Barbara Sukowa spielt die Hauptrolle in Margarethe von Trottas Filmbiographie der sozialistischen revolutionären Kultfigur. Ein beeindruckender, kompromissloser Film.

► 7. »Aguirre: Der Zorn Gottes«

Werner Herzog schickte seinen »liebsten Feind« Klaus Kinski in den südamerikanischen Dschungel, um dort 1977 ein Epos über einen von Gier und Ehrgeiz in den Wahn getriebenen Eroberer zu spielen.

► 8. »Lola rennt«

Die rothaarige Franka Potente und Moritz Bleibtreu hetzen in Tom Tykwers fesselnden Film von 1999 durch ganz Berlin – ein mitreißender und temporeicher Film.

► 9. »Das Boot«

Das größte Unterwasserabenteuer der Kinogeschichte und einer der besten Filme über die Realität während des Zweiten Weltkriegs. Wolfgang Petersens klaustrophobisches Unterwasserabenteuer ist eine Glanzleistung.

► 10. »Olympia«

Leni Riefenstahl, bekannt als »Hitlers Lieblingsfilmemacherin«, verdient natürlich keine Anerkennung für ihre Nazipropaganda, doch ihr Talent hinter der Kamera ist unbestritten. Ihre Dokumentation der Olympischen Spiele von 1938 ist ein grandioser Film, der die Schönheit von Körpern in Bewegung feiert.

Der deutsche Krimi

Seit über vierzig Jahren zieht der Fernsehkrimi »Tatort« Zuschauer nach wie vor in seinen Bann: Jeden Sonntag sitzen aktuell bis zu zwölf Millionen begeisterte Fans vor dem Bildschirm.

Der Aufbau der Tatortfolgen ist typisch für einen deutschen Krimi – die Handlung ist eng mit der Rolle und den jeweiligen Umständen verknüpft, und es fließen psychologische Aspekte in die Tat ein. Auch wenn der Tatort die universell bewährte Formel eines Ermittlerduos (man denke an Sherlock Holmes und Dr. Watson, um nur ein Beispiel zu nennen) übernommen hat, entwickelt sich die Handlung doch auf typisch deutsche Art und Weise. Gewalttätige Szenen werden der Entwicklung des Rollencharakters und der Annäherung an die Auflösung des Verbrechens geopfert. Der Tatort spiegelt die ungeschminkte Realität wider und zeigt die Ermittler als zerknautschte Kriminalisten mit jeder Menge persönlicher Probleme, die häufig an Bahngleisen zu tun haben, sich an Schnellimbissbuden ernähren, rauchen und gerne mal ein Bierchen unter freiem Himmel zwitschern. Im Gegensatz zu der anglo-amerikanischen Methode mit viel Action und der Frage »Wer und was?« geht es im deutschen Tatort hauptsächlich um das Verbrechen an sich – »Warum wurde das Verbrechen begangen?« ist die zentrale Frage.

Die Entwicklung des Krimis in Deutschland lässt sich bis zu den Werken von Edgar Wallace (1875–1932) zurückverfolgen. Der britische Buch- und Drehbuchautor war sehr fleißig und hat 170 Romane geschrieben, die meisten davon Krimis.

Seine Beliebtheit in Deutschland hängt sicherlich auch mit der Faszination zusammen, die Verbrechen in den zwanziger Jahren nach Ende des Ersten Weltkriegs auf die deutsche Bevölkerung ausübten. In Städten wie Berlin wurde Prostitution als Folge der Armut und der Rückkehr sexuell ausgehungerter Soldaten toleriert. Im Laufe der Zeit wurde zuerst die Prostitution, dann die Kriminalität Teil der städtischen Subkultur und Wirtschaft. Im Allgemeinen entsprangen kleinere Vergehen wie Taschenraub dem Kampf um das eigene Überleben, doch aus diesen relativ harmlosen Tatbeständen wurden schwere Verbrechen, bis Berlin den zweifelhaften Ruf genoss, größter Schwarz- und Drogenmarkt zu sein. Deutsche Leser interessierten sich mehr und mehr für Verbrechen wie Mord, und die Verlage kamen der steigenden Nachfrage nach günstiger Bettlektüre, darunter natürlich auch die Bücher von Edgar Wallace, allzu gerne nach. Viele seiner Bücher wurden später verfilmt, der erste kam 1927 in die deutschen Kinos.

Aufgrund des Verbots der Nazis gab es keine deutschen Verfilmungen seiner Bücher mehr. Erst 1959 drehte das dänische Unternehmen Rialto Film mit Produzent Preben Philipsen »Der Frosch mit der Maske« (nach dem gleichnamigen Roman). Der Film war ein überraschender Erfolg und stellte den Beginn einer beträchtlichen Reihe von Krimi-Verfilmungen dar, was bis Anfang der siebziger Jahre anhielt. Rialto Film erwarb für fast alle Romane von Wallace die Filmrechte und gründete eine deutsche Tochtergesellschaft.

Die Filmtitel entsprachen in der Regel den Titeln der deutschen Ausgaben und sollten die Vorstellung einer typischen Wallace-Verfilmung auslösen. In den meisten Titeln wird gleich der Bösewicht erwähnt, so in »Der Frosch mit der Maske«, »Der Zinker« und »Der Hexer«. In den anderen Titeln kam meist der Begriff Rätsel oder Geheimnis vor wie in »Das Rätsel der roten Orchidee«, »Das Rätsel des silbernen Dreiecks« und »Das Geheimnis der grünen Stecknadel«, während andere einen Hinweis auf den Schauplatz des Verbrechens liefern wie »Der Fälscher von London«, »Der Bucklige von Soho« und »Die Tote aus der Themse«.

Auch dass immer wieder mit denselben Schauspielern gedreht wurde, die noch dazu in ähnliche Rollen schlüpften, war typisch für die Wallace-Filme der sechziger Jahre. Zu den beliebtesten Ermittlern zählten damals Joachim Fuchsberger, Heinz Drache und Siegfried Lowitz. Zwielichtige Gestalten wurden dagegen meist von Fritz Rasp, Pinkas Braun, Harry Wüstenhagen und natürlich Klaus Kinski gespielt, während Eddi Arent, Siegfried Schürenberg und später dann auch Hubert von Meyerinck oder Chris Howland witzigere Rollen übernahmen.

Krimis sind noch immer beliebt und kreativ und zeichnen häufig ein realistisches Bild der deutschen Gesellschaft. Jahr für Jahr erscheinen mindestens fünfhundert Krimis in Deutschland, rund zwei Drittel davon wurden aus anderen Sprachen übersetzt.

Tod und Geld

Verstorbene Berühmtheiten – und wo sie jetzt liegen

Gerne verrate ich Ihnen die Ruhestätten, an denen einige der berühmtesten Töchter und Söhne Deutschlands begraben liegen:

- Johann Sebastian Bach (1685–1750), Komponist und Organist:
  Leipzig, Thomaskirche, vor dem Altar
- Willy Brandt (1913–1992), Politiker (Bürgermeister von Berlin, westdeutscher Bundeskanzler) und Friedensnobelpreisträger:
  Berlin, Waldfriedhof Potsdamer Chaussee
- Bertolt Brecht (1898–1956), Dichter und Dramatiker:
  Berlin, Friedhof der Dorortheenstädtischen und Friedrichwerderschen Gemeinden
- Horst Buchholz (1935–2003), Schauspieler:
  Berlin, Waldfriedhof Heerstraße
- Karl der Große (742–814), König und Kaiser:
  Aachen, Schrein in der Aachener Kathedrale

- Marlene Dietrich (1901–1992), Schauspielerin:
  Berlin, Städtischer Friedhof III (Friedenau), Berlin-Schöneberg (sie ruht gleich neben Helmut Newton)
- Albrecht Dürer (1491–1528), Künstler und Maler:
  Nürnberg, Johannisfriedhof
- Theodor Fontane (1819–1898), Schriftsteller:
  Berlin, Friedhof II der Französisch-Reformierten-Gemeinde. (Dieser Friedhof erlangte traurige Berühmtheit, weil er teilweise durch den Bau der Berliner Mauer zerstört wurde. Fontanes Grabstein wurde im Zweiten Weltkrieg zerstört, später aber restauriert. Sein Grab durfte zu DDR-Zeiten nur mit Sondergenehmigung von Westbürgern besucht werden.)
- Gert Fröbe (Karl-Gerhart Fröbe, 1913–1988), Schauspieler:
  Icking (Bayern), Waldfriedhof
- Johann Wolfgang von Goethe (1749–1832), Dichter:
  Weimar, Historischer Friedhof in der Fürstengruft (Die Eichensärge von Goethe und Friedrich Schiller liegen nebeneinander in der Fürstengruft. Schillers Sarg ist seit 2008 leer, denn anhand genetischer Tests konnte nachgewiesen werden, dass diese Gebeine nicht die von Schiller waren.)
- Jacob Grimm (Jacob Ludwig Karl, 1785–1863)

und Wilhelm Grimm (Wilhelm Karl, 1786–1859), Schriftsteller und Linguisten:
Berlin, Alter St. Matthäus Kirchhof

- Alexander von Humboldt (1769–1859), Geograph, Naturalist und Forscher:
Berlin, Schlosspark Tegel
- Erich Kästner (1899–1974), Schriftsteller:
München, Bogenhausener Friedhof
- Martin Luther (1483–1546), Kirchenreformer, Bibelübersetzer:
Wittenberg, Schloßkirche, unterhalb der Holz-kanzel
- Helmut Newton (1920–2004), Modefotograf:
Berlin, Friedhof III, Berlin-Friedenau
- Friedrich Nietzsche (1844–1900), Philosoph:
Röcken (in der Nähe von Leipzig), Kirchhof Röcken
- Carl Orff (1895–1982), Komponist:
Andechs (in der Nähe von München), Schmerz-hafte Kapelle in der Andechser Wallfahrtskirche
- Ferdinand Graf von Zeppelin (1838–1917), Erfin-der des gleichnamigen Luftschiffs: Stuttgart, Pragfriedhof

Manchmal mahlen die Mühlen der Gerechtigkeit sehr, sehr langsam – im Falle eines Kölner Hexenprozesses immerhin fast vierhundert Jahre. Katharina Henot wurde 1627 zum Tode verurteilt, und erst 2012 wurde die berühmteste Hexe Deutschlands vom Kölner Stadtrat von den Vorwürfen freigesprochen.

Henot war der Hexerei schuldig gesprochen worden, nachdem ihr die Anklage alle denkbaren und undenkbaren Verbrechen wie Förderung sexueller Abartigkeit, Herbeizaubern von Raupen und den Pakt mit dem Teufel vorgeworfen hatte. Sie wurde auf dem Scheiterhaufen verbrannt.

Katharina Henot war nur eine von Tausenden von Männern, Frauen und Kindern, die man vom 16. bis 18. Jahrhundert in Deutschland des Verbrechens der Hexenkunst bezichtigt hatte und die deshalb hingerichtet worden waren. Zu den Verfolgungen gehören auch die berüchtigten Hexenprozesse in Würzburg von 1626 bis 1631, einem der größten Massenprozesse samt anschließenden Massenhinrichtungen, die ganz Europa zu Friedenszeiten jemals erlebt hatte. 157 Männer, Frauen und Kinder aus der Stadt wurden bei lebendigem Leib auf dem Scheiterhaufen verbrannt, rechnet man die Opfer dieser Willkür aus den umliegenden Regionen dazu, waren es über neunhundert Menschen.

Die Bamberger Hexenprozesse, die zur selben Zeit stattfanden, kosteten weiteren Hunderten von Menschen das Leben.

50 Todesursachen

Erkrankungen des Herzkreislaufsystems sind noch vor Krebs die häufigste Todesursache von Frauen und Männern in Deutschland. Derzeit stirbt etwa jeder Dritte daran, und jeder Vierte an Krebs. Analysen der fünf häufigsten Todesursachen legen jedoch nahe, dass die altersangepasste Sterblichkeit beider Geschlechter aufgrund von Erkrankungen des Herzkreislaufsystems seit etwa 1970 spürbar zurückgeht, und noch ist kein Ende dieses Trends in Sicht. Sinkt die Zahl der Krebstoten im Vergleich zu dem deutlich höheren Rückgang der durch Kreislaufversagen bedingten Todesfälle weiter wie bisher, ist davon auszugehen, dass Krebs in den kommenden fünfzehn bis zwanzig Jahren die häufigste Todesursache der Deutschen wird. 2008 waren folgende die fünfzig häufigsten Todesursachen in Deutschland:

		Anzahl der Todesfälle	Anteil an allen Todesfällen
1	Koronare Herz-erkrankungen	155761	24,49%
2	Schlaganfall	67760	10,65%
3	Lungenkrebs	42108	6,62%
4	Dickdarm-/Enddarmkrebs	30992	4,87%
5	Bluthochdruck	29764	4,68%
6	Lungenerkrankungen	24130	3,79%
7	Diabetes mellitus	23159	3,64%
8	Grippe und Lungen-entzündung	22024	3,46%
9	Brustkrebs	19711	3,10%
10	Leberkrebs	15683	2,47%
11	Bauchspeichel-drüsenkrebs	14360	2,26%
12	Alzheimer / Demenz	14102	2,22%
13	Prostatakrebs	13245	2,08%
14	Magenkrebs	12433	1,95%
15	Nierenerkrankungen	11789	1,85%
16	Lymphome	10731	1,69%
17	Suizid	10352	1,63%
18	Stürze	9193	1,45%

		Anzahl der Todesfälle	Anteil an allen Todesfällen
19	Entzündungen / Herzerkrankungen	8434	1,33%
20	Leukämie	8057	1,27%
21	Leberkrebs	6895	1,08%
22	Blasenkrebs	6233	0,98%
23	Parkinson	6141	0,97%
24	Eierstockkrebs	5782	0,91%
25	Sonstige Neoplasmen	5769	0,91%
26	Hormonstörungen	5769	0,91%
27	Mundhöhlen-karzinom	5366	0,84%
28	Speiseröhrenkrebs	5339	0,84%
29	Tod im Straßen-verkehr	5090	0,80%
30	Sonstige Verletzungen	4943	0,78%
31	Alkohol	4730	0,74%
32	Ulkuskrankheit	3430	0,54%
33	Hautkrebs	3266	0,51%
34	Rheumatische Herz-erkrankungen	2454	0,39%

		Anzahl der Todesfälle	Anteil an allen Todesfällen
35	Gebärmutterhals-krebs	2335	0,37%
36	Gebärmutterkrebs	2029	0,32%
37	Epilepsie	1994	0,31%
38	Asthma	1745	0,27%
39	Angeborene Fehl-bildungen	1523	0,24%
40	Durchfall-erkrankungen	1369	0,22%
41	Multiple Sklerose	1075	0,17%
42	Zu geringes Geburtsgewicht	801	0,13%
43	Vergiftungen	790	0,12%
44	Hepatitis C	765	0,12%
45	Hauterkrankungen	701	0,11%
46	Drogenmissbrauch	670	0,11%
47	Körperliche Gewalt-einwirkung	640	0,10%
48	HIV / AIDS	518	0,08%
49	Blutarmut	514	0,08%
50	Tuberkulose	449	0,07%

Die Lebenserwartung der Deutschen

Die Lebenserwartung der Deutschen steigt kontinuierlich – allein im letzten Jahrzehnt um durchschnittlich zwei Jahre, in den letzten fünfzig Jahren um satte
zehn Jahre. Hier die Durchschnittswerte von 2000 bis
2010:

- 2000: 77,44
- 2001: 77,61
- 2002: 77,78
- 2003: 78,42
- 2004: 78,54
- 2005: 78,65
- 2006: 78,80
- 2007: 78,95
- 2008: 79,10
- 2009: 79,26
- 2010: 79,41
- 2011: 80,07

Die Lebenserwartung der Frauen (82,5 Jahre) liegt
aktuell etwas über fünf Jahre über der der Männer
(77,3 Jahre).

Asche zu Asche

Der Umgang mit Verstorbenen ändert sich. Her-
kömmliche Erdbestattungen sind zwar noch immer
die häufigste Art der »Leichenbeseitigung«, doch
in den letzten zwanzig Jahren haben sich immer
mehr Deutsche für eine Feuerbestattung entschie-
den. Mittlerweile machen Einäscherungen etwa vierzig Prozent aus. (In vielen anderen europäischen
Ländern ist die Feuerbestattung wesentlich beliebter

als hierzulande; in Großbritannien entscheiden sich rund siebzig Prozent aller Engländer dafür.)

Gründe für diesen Wandel in Deutschland dürften chronischer Platzmangel auf deutschen Friedhöfen und geänderte Einstellungen sein, und natürlich spielen auch die Kosten eine Rolle. Bei einer Feuerbestattung fallen keine Aufbahrungskosten an. Außerdem benötigt ein Urnengrab wesentlich weniger Platz.

Nach deutschem Gesetz muss aber auch eine Urne auf dem Friedhof bestattet werden. Es ist nicht gestattet, sich die Urne auf den Kaminsims zu stellen oder deren Inhalt zu verstreuen. In manchen Bundesländern darf die Asche auf ein sogenanntes Aschefeld im Friedhof verstreut werden, aber keinesfalls in freier Natur oder in Gewässer.

Trotzdem gibt es Alternativen. Es ist kein Problem, die Asche eines geliebten Menschen außerhalb der deutschen Hoheitsgewässer der Nord- oder Ostsee zu verstreuen. Oder aber die kompostierbare Urne wird in einem Friedwald unter einem Baum begraben. Man munkelt, dass manche die Leichen in Krematorien im Ausland schicken, denn wird die Urne dann wieder nach Deutschland zugestellt, kann man damit machen, was immer man möchte.

Die Kriegstoten Deutschlands

Der Volksbund Deutsche Kriegsgräberfürsorge e. V.
kümmert sich im Auftrag der Bundesrepublik um die
Registrierung der Kriegstoten im Ausland und über-
wacht und aktualisiert dieses Register. Der Volksbund wurde im Dezember 1919 gegründet, denn die
damalige Reichsregierung war weder politisch noch
wirtschaftlich in der Lage, sich um die Gräber der
Gefallenen im Ausland zu kümmern. Diese Aufgabe
ging an den Volksbund, der im Grunde genommen
ein Aktionsbündnis war. Vom Tag seiner Gründung
bis in die dreißiger Jahre kümmerte sich der Volksbund um immer mehr Kriegsgräber.

Etwa dreißig Prozent aller Soldaten verloren im
Zweiten Weltkrieg ihr Leben, oft weit weg von ihrem
Heimatort. Nach Kriegsende errichtete der Volksbund über vierhundert Kriegsfriedhöfe in Deutschland und anderswo und betreute somit die sterb-
lichen Überreste von über einer Million Kriegstoten
aus beiden Weltkriegen.

Mit dem Ende des Kalten Kriegs war es dem Volksbund möglich, seiner Aufgabe auch in Osteuropa
nachzukommen, wo es die meisten Kriegstoten aus
dem Zweiten Weltkrieg gibt – an die drei Millionen.
Daraufhin wurden einhundertneunzig Friedhöfe für
Kriegstote aus dem Ersten Weltkrieg und dreihundert
Friedhöfe für Kriegstote aus dem Zweiten Weltkrieg

gebaut oder saniert. Über eine halbe Million Tote wurde umgebettet. Viele Friedhöfe befinden sich derzeit noch im Bau, darunter auch der weltgrößte Kriegsfriedhof für 80 000 gefallene Soldaten in der Nähe von St. Petersburg.

Gedenken und Frieden lautet das Motto des Volksbunds, und seine großartige Arbeit im Hinblick auf den Bau und Erhalt von Friedhöfen sorgt dafür, dass wir uns der gefallenen Soldaten erinnern und uns mit den schrecklichen Folgen eines Kriegs befassen.

Einer der sichersten Orte

Um sich mal bewusst zu machen, wie sicher es sich in Deutschland lebt, hier ein Vergleich der Mordraten je 100 000 Einwohner aus dem Jahr 2010. Die Hitliste der gefährlichsten Länder beginnt in Zentralamerika und endet in Zentraleuropa …

Honduras	78	Trinidad und	
El Salvador	66	Tobago	37
Jamaika	52	Südafrika	32
Venezuela	45	Bahamas	27
Belize	42	Brasilien	26
Guatemala	41	Dominikanische	
Kolumbien	38	Republik	25
St. Kitts und Nevis	38	Saint Lucia	25

Land	Wert	Land	Wert
Dominica	22	Taiwan	3,2
Saint Vincent und Grenada	22	Bangladesch	2,4
		Libanon	2,2
Panama	22	Finnland	2,1
Guyana	18	Israel	2,1
Mexiko	18	Mazedonien	1,94
Ecuador	18	Neuseeland	1,76
Nicaragua	13	Tschechische Republik	1,67
Russland	13		
Grenada	12	Kanada	1,62
Paraguay	12	Marokko	1,40
Costa Rica	12	Chile	1,33
Barbados	11	Irland	1,30
Bolivien	8,9	Großbritannien	1,23
Moldawien	7,4	Australien	1,16
Haiti	6,9	Schweden	0,97
Antigua und Barbuda	6,8	Italien	0,87
		Niederlande	0,87
Estland	6,3	Dänemark	0,85
Uruguay	6,1	**Deutschland**	0,84
Thailand	5,3	Japan	0,83
USA	4,8	Spanien	0,72
Georgien	4,1	Norwegen	0,68
Lettland	3,6	Österreich	0,56
Indien	3,2		

Das Milliardengeschäft auf dem Schwarzmarkt

Der Schwarzmarkt in Deutschland wächst und gedeiht. Die Weltrangliste der insgesamt größten Schwarzmärkte [in Milliarden US-Dollar] sieht folgendermaßen aus:

1.	USA:	620,63	11.	Südkorea:	26,20
2.	China:	261,00	12.	Nigeria:	25,13
3.	Mexiko:	126,08	13.	Peru:	22,04
4.	Spanien:	123,59	14.	Indonesien:	18,85
5.	Italien:	111,05	15.	Philippinen:	17,27
6.	Japan:	108,3	16.	Brasilien:	17,00
7.	Kanada:	77,83	17.	Indien:	16,84
8.	Groß-		18.	Türkei:	15,66
	britannien:	59,66	19.	Kolumbien:	14,50
9.	Russland:	49,04	20.	Venezuela:	14,195
10.	**Deutschland:**	**39,67**			

Jährlich gehen der deutschen Wirtschaft rund 35 Milliarden Euro verloren, was sich aufteilt in Verluste durch:

- Gefälschte Waren: 26 Milliarden Euro
- Zigarettenschmuggel: 6 Milliarden Euro
- Softwarepiraterie: 2 Milliarden Euro
- Musikpiraterie: 544 Millionen Euro
- Drogenschmuggel: 188 Millionen Euro
- Filmpiraterie: 129 Millionen Euro
- Gefälschte Pestizide: 33 Millionen Euro

Des Weiteren wird geschätzt, dass die Steuerhinterziehung seiner Bürger den deutschen Staat Milliarden kostet. Das Guthaben der Deutschen auf Schweizer Bankkonten beträgt etwa 230 Milliarden Euro.

Viele dürften gar nicht wissen, dass es so etwas wie einen Schwarzmarkt für gefälschte Pestizide überhaupt gibt, aber er schafft mehr und mehr Probleme in Deutschland und Europa, da mittlerweile ein Viertel aller in Europa eingesetzten Pestizide gefälscht sind. Solche Verkäufe schmälern nicht nur das Einkommen der rechtmäßigen Hersteller und die Steuereinnahmen, sondern stellen auch eine Gefährdung für die Gesundheit der Landwirte, der Bevölkerung, der wildlebenden Tiere und auch eine Gefahr für die Umwelt dar. Anhand der Verpackung der gefälschten Pflanzenschutzmittel kann der Laie kaum erkennen, dass es sich um eine Fälschung handelt. Andere dagegen kaufen bewusst Fälschungen, da sie kostengünstiger sind. Die illegalen Pestizide werden meist in Asien hergestellt. In fast allen Fällen entsprechen solche Pflanzenschutzmittel keineswegs den hohen Qualitäts- und Sicherheitsstandards, die in Europa gelten. Häufig werden Verpackung und Handelsnamen bekannter landwirtschaftlicher Betriebe und Chemiekonzerne ebenso gefälscht, damit der Käufer nicht sofort erkennt, dass es sich um ein gefälschtes Produkt handelt.

Ein weitaus größeres Problem ist der Schwarzmarkt für Zigaretten. Im Jahr 2010 wurden rund 22 Milliarden unversteuerte Zigaretten in Deutschland geraucht. In den grenznahen Städten im Osten Deutschlands sind mindestens die Hälfte aller gerauchten Zigaretten Fälschungen. Erstaunlich, dass dieses Geschäft bis vor kurzem sogar noch von den größten Zigarettenherstellern gefördert und unterstützt wurde. Mitte der neunziger Jahre durchgeführten Untersuchungen zufolge konnte rund ein Drittel aller weltweit exportierten Zigaretten nicht ordnungsgemäß versteuert werden – da Milliarden von Zigaretten auf dem Transportweg einfach verschwunden waren. Wie sich herausgestellt hat, waren die Unternehmen selbst daran beteiligt gewesen, die Schwarzmärkte dieser Welt mit ihren Produkten zu versorgen, um durch die niedrigen Preise noch mehr Raucher als Stammkunden zu gewinnen, den Umsatz zu steigern und sich die Einkommenssteuer zu sparen. Mittlerweile werden rechtmäßig in Niedrigkostenländern mit niedrigen Steuersätzen wie der Ukraine hergestellte Zigaretten in hochpreisigere Länder geschmuggelt. Allerdings gibt es auch noch zahlreiche illegale Fabriken in Asien, Südamerika und Osteuropa, die sich auf die Fertigung gefälschter Zigaretten spezialisiert haben. Das Geschäft mit für wenige Cents gefertigten Rauchwaren, die in europäischen Ländern wie Deutschland und Großbritannien für etwa einen Euro die Packung weiterverkauft werden, floriert, denn legale Zigaretten kosten dort das Zwei- bis Vierfache.

Deutsche Waffenexporte in die ganze Welt

Deutschland, ein Land der Pazifisten. Diese Nation gilt als das verantwortungsbewussteste Volk der Welt. Und doch gibt es in Deutschland eine gigantische Waffenindustrie, und Deutschland zählt zu den größten Exporteuren von großen und kleinen Waffen in die ganze restliche Welt. Irgendwie befremdlich.

Panzer von Rheinmetall und Krauss-Maffei Wegmann, U-Boote von ThyssenKrupp, Gewehre von Heckler & Koch, nicht zu vergessen Helikopter, Kampfflugzeuge und Marschflugkörper – Deutschland steht in Sachen Waffenexporte an dritter Stelle nach Russland und den USA. Deutschlands Anteil an diesem weltweiten tödlichen Geschäft liegt in etwa bei elf Prozent (noch vor einem Jahrzehnt lag der Anteil bei etwa sechs Prozent). Weltweit werden über eine Billion Euro für Waffen und Co. ausgegeben.

Dem Jahresbericht für 2010 der unabhängigen Friedensorganisation Bonn International Center for Conversion (BICC) zufolge exportiert Deutschland auch Waffen in Länder, in denen der Umgang mit den Menschenrechten als »fragwürdig« eingestuft

wird – vor allem in den Mittleren Osten, Latein-
amerika und Südostasien. Noch befremdlicher, nicht
wahr?

Die reichen Deutschen – besser gesagt, die zehn reichsten Deutschen

2011 sah die Top Ten der dicksten Vermögen in
Deutschland so aus:

1. Karl Albrecht –
   Nettovermögen: 17,35 Milliarden Euro
   (Quelle: Aldi Gruppe)
2. Familie Theo Albrecht –
   Nettovermögen: 16,75 Milliarden Euro
   (Quelle: Aldi Gruppe)
3. Dieter Schwarz –
   Nettovermögen: 10,0 Milliarden Euro
   (Quelle: Schwarz Gruppe)
4. Michael Otto und Familie –
   Nettovermögen: 8,15 Milliarden Euro
   (Quelle: Otto Gruppe)
5. Familie Reimann –
   Nettovermögen: 7,15 Milliarden Euro
   (Quelle: Joh. A. Benckiser SE)
6. Susanne Klatten –
   Nettovermögen: 7,00 Milliarden Euro
   (Quelle: BMW AG, Altana AG)

7. Familie Reinhold Wuerth –
    Nettovermögen: 6,8 Milliarden Euro
    (Quelle: Wuerth Group)
 8. Familie Oetker –
    Nettovermögen: 6,35 Milliarden Euro
    (Quelle: Oetker Group)
 9. Günter und Daniela Herz –
    Nettovermögen: 6,0 Milliarden Euro
    (Quelle: Mayfair-Holding)
10. Familie Braun –
    Nettovermögen: 5,1 Milliarden Euro
    (Quelle: B. Braun Melsungen)

Entwicklungshilfe Geld

2011 kostete Deutschland die offizielle Entwicklungshilfe 5,9 Prozent mehr als 2010 und damit erstmals über zehn Milliarden Euro (genauer: 10,45 Milliarden Euro). In absoluten Zahlen ausgedrückt ist Deutschland der größte Geldgeber, was Entwicklungshilfe anbelangt. Die von Deutschland geleisteten Zahlungen entsprechen 0,4 Prozent des Bruttoinlandsprodukts. Die Empfängerländer, die 2011 am meisten davon profitierten, waren Afghanistan, Vietnam, Peru, Brasilien und Serbien. So viel stellten die Mitgliedsstaaten der Europäischen Union 2011 zur Verfügung:

Deutschland:	10,453 Milliarden
Großbritannien:	9,881 Milliarden
Frankreich:	9,751 Milliarden
Niederlande:	4,548 Milliarden
Schweden:	4,032 Milliarden
Spanien:	3,066 Milliarden
Italien:	3,050 Milliarden
Dänemark:	2,143 Milliarden
Belgien:	2,013 Milliarden
Finnland:	1,013 Milliarden
Österreich:	796 Millionen
Irland:	650 Millionen
Portugal:	481 Millionen
Polen:	299 Millionen
Luxemburg:	297 Millionen
Griechenland:	237 Millionen
Tschechische Republik:	184 Millionen
Rumänien:	118 Millionen
Ungarn:	100 Millionen
Slowakei:	62,5 Millionen
Slowenien:	45 Millionen
Litauen:	38 Millionen
Bulgarien:	35 Millionen
Zypern:	28 Millionen
Estland:	17 Millionen
Malta:	15 Millionen
Lettland:	14 Millionen

Zahlenspiele

10 – Um so viele Jahre ist in den fünf vergangenen Jahrzehnten die Lebenserwartung der Deutschen gestiegen.

40 – Auf so viel Prozent wird der Anteil geschmuggelter oder gefälschter Zigaretten in Berlin geschätzt.

68 – So viel Prozent der Deutschen hat – nach Angaben einer weltweiten Sex-Studie von Durex – mindestens einmal die Woche Sex. Interessant in diesem Zusammenhang ist auch, dass gerade mal 38 Prozent der Deutschen zufrieden mit ihrem Sexleben sind.

300 – So viele Bierflaschen hat ein Team der Brauerei Unertl 1999 in nur 1:47 Minuten geöffnet … Weltrekord.

400 – So viele Kilometer ging Johann Sebastian Bach im Winter 1705/1706 von Arnstadt nach Lübeck, um dem berühmten Organisten Dietrich Buxtehude zu lauschen.

20 000 – Schätzungsweise so viele Kinder, Frauen und Männer wurden vom 16. bis 18. Jahrhundert in Deutschland wegen Hexerei hingerichtet.

8 000 000 – So viele Fluggäste mit dem Reiseziel Palma de Mallorca machen die Mittelmeerinsel zum beliebtesten Urlaubsort der Deutschen.

70 000 000 – So viele Currywürste werden allein in Berlin jährlich verdrückt.

500 000 000 – So viele Quadratmeter Schrebergarten gibt es insgesamt in Deutschland.

Danksagung und Quellenangaben

Der Autor möchte sich bei den im Folgenden aufgelisteten Personen und Institutionen für ihre Unterstützung und Bereitstellung von Informationen herzlich bedanken. Spezielle urheberrechtlich betroffene Quellen sind hier aufgelistet, außerdem wurden zur Recherche Quellen wie Wikipedia, Studien der Library of Congress und das CIA-Handbuch herangezogen.

Typisch Deutschland

Für die häufigsten Vor- und Nachnamen siehe www.Gfds.de

Weitere Infos zum Sauerkraut unter www.natural news.com, zum Bier bei Bryce Eddings, About. com-Guide, und zur Currywurst unter currywurst museum-shop.de.

Zur Geschichte der Schrebergärten finden Sie mehr unter kleingarten-museum.de, die erwähnten Arbeiten zur Schwarzen Pädagogik heißen: »Adolf Hitler: How Could a Monster Succeed in Blinding a

Nation?« © Alice Miller (1998), mit Dank an Brigitte Oriol, und »The Political Consequences of Child Abuse« by © Alice Miller, in: The Journal of Psychohistory 26 (2) Fall 1998, www.psychohistory.com / htm/06_politic.html, mit Dank an Lloyd deMause, Hrsg. des Journal of Psychohistory.

Weitere ungewöhnliche deutsche Weltrekorde finden Sie natürlich im Guinness-Buch der Rekorde.

Weitere Infos rund um Verkaufszahlen, Lieblingsfarben etc. des Automarktes bekommen Sie beim Kraftfahrt-Bundesamt unter kba.de. Der Gesamtverband der Deutschen Versicherungswirtschaft e. V. (GDV) informiert bspw. über die am häufigsten gestohlenen Autos.

Was die Deutschen, aber auch andere Europäer mit ihrer Zeit anstellen, erfahren Sie hier: »How Europeans spend their time. Every day life of women and men«, http://epp.eurostat.ec.europa.eu / cache / ITY_OFFPUB / KS-58-04-998 / EN / KS-58-04-998-EN.PDF

Die Vita von Herrn Mierscheid finden Sie hier: bundestag.de / bundestag / abgeordnete17 / mierscheid/.

Wovor die Deutschen sich ängstigen, erfahren Sie hier:

ruv.de / de / presse / download / pdf / aengste-derdeutschen-2011 / 20110908-aengste-derdeutschen-sieben-grosse-aengste.pdf

Geographie und Geschichte

Mehr zur Berechnung des geographischen Mittelpunkts finden Sie z. B. unter mathematische-basteleien.de (© 2001 Jürgen Köller)

Detaillierte Infos zur britischen Thronfolge finden Sie bei David Lewis, »Persons eligible to succeed to the British Throne as of 1 Jan 2011«, eine Auflistung der 5753 Nachkommen von Prinzessin Sophia, geordnet entsprechend der Nachfolgeregelung und basierend auf vorherigen Listen von William Addams Reitwiesner.

Mehr über Planeten, deren Namen, Aufenthaltsort etc. finden Sie unter naic.edu.

Die lautesten Städte wurden ermittelt durch die GEERS-Stiftung (geers-stiftung.de).

Wissenschaft und Naturgeschichte

Interessante Infos über Blitze veröffentlicht die Siemens AG unter industry.siemens.com / services / global / de / blids / seiten / default.aspx.

Weitere deutsche Erfinder und Erfindungen finden Sie hier: »German Stars – 50 innovations« vom Federal Foreign Office, the Press and Information Office of the Federal Government (http://germanoriginality.com / madein / inventions.php?id=21).

Über Wetterextreme informiert der Deutsche Wetterdienst; interessant auch der Artikel von Coumou, D., Rahmstorf, S. (2012), »A Decade of Weather Extremes. Nature Climate Change« DOI: 10.1038/NCLIMATE1452, Potsdam-Institut für Klimafolgenforschung.

Auf der Animalbase (animalbase.uni-goettingen.de) können Sie nach sämtlichen registrierten Tierarten suchen.

Über die Nummerierung der Stadtbäume informierte mich dankenswerterweise die Stadt Frankfurt am Main.

Und beim Thema Patente und Patentanmeldung half mir die World Intellectual Property Organization WIPO (www.wipo.int/ipstats/en/).

Literatur, Musik und Film

Bei den gleich geschriebenen Wörtern mit unterschiedlichen Bedeutungen half mir Erich Kaltofen.

Der Soundtrack der sechziger und siebziger Jahre stammt von Gunther Simmermacher. Ebenso die Infos zu den internationalen Stars, die auf Deutsch gesungen haben, sowie die Informationen über die Musikstars in Nazideutschland.

Bei der Gesellschaft für deutsche Sprache finden Sie das Wort des Jahres hier: www.gfds.de/aktionen/

wort-des-jahres/. Und die Unwörter hier: www.gfds.de/aktionen/wort-des-jahres/unwoerter-des-jahres/.

Über die Beatles in Deutschland informierte mich Hyde Flippo (siehe auch: aboutgerman.net und german-way.com).

Tod und Geld

Informationen zu den letzten Ruhestätten berühmter Deutscher verdanke ich Hyde Flippo.

Das Deutsche Krebsforschungszentrum informiert über die häufigsten Todesursachen unter www.dkfz.de/en/krebsatlas/total/mort_2_e.html.

Die Lebenserwartung, nicht nur der Deutschen, finden Sie hier: http://worldlifeexpectancy.com/world-rankings-total-deaths.

Mehr über das Volumen des Schwarzmarkts in Deutschland erfahren Sie unter www.havocscope.com/germany/.

Über den internationalen Waffenhandel informiert www.armscontrol.org/act/2007_11/UN.

Die Liste der reichsten Deutschen wurde im Oktober 2011 im Manager Magazin veröffentlicht.

Stephen Barnett
John McCrystal

Das kuriose Neuseeland-Buch
Was Reiseführer verschweigen
Aus dem Englischen von Birgit Schöbitz

Band 51251

Die Neuseeländer Stephen Barnett und John McCrystal haben alles Kuriose, Unglaubliche, Wissens- und Unwissenswerte über ihr Heimatland hübsch sortiert und ordentlich aufgelistet. Herausgekommen ist ein unterhaltsamer Reisebegleiter für die Hosentasche, der absolut brennende Fragen beantwortet:

Was können Neuseeländer besser als Australier?

Wie heißen die erfolgreichsten All Blacks aller Zeiten?

Wo lauern Neuseelands gefährlichste Strände?

Welche Erfindungen wurden nach Neuseeländern benannt?

Was, außer Kiwis, wächst noch in Neuseeland?

Fischer Taschenbuch Verlag

Lisa Seelig
Elena Senft
»Sorry, hier sitzt schon meine Tasche«
Und was im Alltag sonst noch nervt

Band 19451

Der Mitmensch als nervliche Herausforderung – eine iro-
nische Sammlung von Alltagssituationen und Personen, die
uns mit ihren Macken und Marotten das Leben zur Hölle
machen: Armlehnenschubser, Sitzplatzfreihalter beim Public
Viewing, übergriffige Restaurantbegleitungen – und natürlich auch all jene, die sich über die genannten Nervtöter laut-
hals aufregen. So machen selbst die schlimmsten Mitmen-
schen wieder Spaß!

Fischer Taschenbuch Verlag

Kai Biermann
Martin Haase
Sprachlügen
Unworte und Neusprech von »Atomruine« bis »zeitnah«
Band 19497

In der Sicherheitszone ist es am gefährlichsten.
Die Gewinnwarnung verspricht Verlust.
Im Entsorgungspark lagert der Giftmüll.

Die Sprache bringt es an den Tag: Wir werden belogen und
manipuliert. Politiker verstecken sich hinter Worthülsen und
Unworten, beschönigen und verschleiern, statt die Dinge
beim Namen zu nennen. Was steckt hinter all dem Neusprech, das wir täglich zu hören bekommen? Dieses Buch
deckt sie auf, die dreistesten Sprachlügen unserer Zeit.

»Hilft dem Denken auf die Sprünge.«
Grimme-Jury

Fischer Taschenbuch Verlag

Philipp Scharri
Der Klügere gibt Nachhilfe
Sprachakrobatik für alle Lebenslagen
Band 19077

Sprache ist in unserem Alltag das A und O – doch wir schöpfen längst nicht all ihre Möglichkeiten aus. Wir spielen mit Holzbauklötzen, obwohl im Regal ein Zauberkasten steht.

Philipp Scharri, preisgekrönter Kabarettist und Poetry Slammer, weckt mit seinem ersten Buch spielerisch und wortgewandt die Lust auf Sprache. Ein großer Spaß für Wortklauber, Silbenjongleure, Buchstabenverdreher und Sprachrevoluzzer – und alle, die es werden wollen!

»Hätte Philipp Scharri seine Texte schon vor 150 Jahren geschrieben, hätte Wilhelm Busch wohl aufgegeben.«
Badische Zeitung

Fischer Taschenbuch Verlag

Das Zitate-Quiz

von Homer bis Simpson

Band 19541

»Die Ente bleibt draußen.«

»Verdammte Axt, ist das geil!«

»Ich bin mit der Gesamtsituation unzufrieden …«

»Palim, palim. Ich hätte gerne eine Flasche Pommes frites.«

Wer hat's gesagt, wer nicht? Das große Zitate-Quiz zum Verschenken und Mitreden, als Klolektüre oder für unterwegs! Mit einem Vorwort von Jürgen von der Lippe.

Fischer Taschenbuch Verlag